Eu e outras poesias

Augusto dos Anjos

TEXTO INTEGRAL

4ª Edição

A ortografia deste livro foi atualizada segundo o Acordo Ortográfico da Língua Portuguesa (1990), que passou a vigorar em 2009.

COLEÇÃO A OBRA-PRIMA DE CADA AUTOR

Eu e outras poesias

Augusto dos Anjos

TEXTO INTEGRAL

MARTIN CLARET

DIREÇÃO
Martin Claret
COORDENAÇÃO EDITORIAL
Taís Gasparetti
PRODUÇÃO EDITORIAL
Carolina Marani Lima / Alexander B. A. Siqueira / Jaqueline M. dos Santos / Giovana G. Leonardo Fernandes / Gabriele Caldas Fernandes
DIREÇÃO DE ARTE
José Duarte T. de Castro
CAPA
Ilustração: Lelizes / Shutterstock
MIOLO
Revisão: Eliana de Fátima Rodrigues / Saulo Krieger / Patrícia Murari
Impressão e acabamento: Paulus Gráfica

Dados Internacionais de Catalogação na Publicação (CIP)
(Câmara Brasileira do Livro, SP, Brasil)

Anjos, Augusto dos, 1884-1914.
Eu e outras poesias / Augusto dos Anjos — 4. ed. — São Paulo: Martin Claret, 2012. (Coleção a obra-prima de cada autor; 82)

ISBN 978-85-7232-477-9

1. Poesia brasileira I. Título. II. Série.

12-05731 CDD-869.91

Índices para catálogo sistemático:

1. Poesia: Literatura brasileira 869.91

EDITORA MARTIN CLARET LTDA.
Rua Alegrete, 62 – Bairro Sumaré – CEP: 01254-010 – São Paulo – SP
Tel.: (11) 3672-8144 – Fax: (11) 3673-7146
www.martinclaret.com.br / editorial@martinclaret.com.br
Impresso em 2012

Sumário

Eu

Outras poesias

Poemas esquecidos

Apresentação

Pré-Modernismo

Cristina Garófalo Porini[1]

Iniciado em 1902, com a publicação de *Os Sertões*, de Euclides da Cunha, e de *Canaã*, de Graça Aranha, o Pré-Modernismo é um momento de transição entre períodos literários, não se caracterizando exatamente como um movimento independente. Isso significa que cada obra dessa época traz características peculiares, apresentando-se conservadora e renovadora simultaneamente.

É esperado, portanto, que os escritores pré-modernistas deem continuidade a algumas características de estilos literários anteriores. Em geral, conserva-se uma postura típica ao Realismo-Naturalismo: a positivista. Isso significa que a literatura continua a abordar a realidade a partir do que se é possível observar e experimentar, sempre guiada pela racionalidade. Apesar de oposto ao Realismo-Naturalismo, o Simbolismo também pode deixar sua marca em textos dessa época, como a visão dramática e pessimista de Augusto dos Anjos — vale lembrar, no entanto, que a estética simbolista

[1] Graduada em Letras pela Universidade de São Paulo e em Relações Públicas pela Faculdade de Comunicação Social Cásper Líbero, professora de ensino médio na rede particular de ensino e em cursos pré-vestibulares, redatora e revisora de textos.

não encontrou muitos apreciadores no Brasil, e sua influência no Pré-Modernismo é bastante restrita.

Por outro lado, estes autores conseguem inovar em alguns aspectos, antecipando características que marcariam — a partir de 1922, no Brasil — o Modernismo. Talvez a principal novidade esteja relacionada ao tema abordado pelos pré-modernistas: a realidade brasileira da República Velha. É o momento em que a miséria sertaneja e cabocla ganha espaço nos relatos, assim como a vida urbana e o comportamento cosmopolita em localidades como Rio de Janeiro e São Paulo.

Contexto histórico

O Pré-Modernismo se faz presente no Brasil durante um momento caracterizado pela controvérsia. A partir de 1894, com o primeiro governo de um civil, Prudente de Morais, inicia-se a República Velha, ou a "República do Café com Leite", uma vez que representantes dos estados de Minas Gerais (de tradição pecuarista) e de São Paulo (com a lavoura cafeeira) alternam-se no cargo de Presidente.

Com esse movimento, algumas localidades brasileiras alcançam um padrão bastante elevado para a época. O Sudeste cresce, com a agricultura cafeeira e com a produção de leite; São Paulo passa por um intenso processo de urbanização, sendo comparada a centros europeus, como Paris; os imigrantes, principalmente italianos, desembarcam em terras brasileiras e encontram emprego na nascente industrialização paulista; a Amazônia se torna outro polo atrativo, em função do ciclo da borracha. A riqueza desse momento faz com que a última década do século XIX e as duas primeiras do século XX sejam chamadas de "*belle époque* brasileira", em referência à grande influência francesa nos centros urbanos endinheirados do Brasil — é o momento em que a diversão e a cultura ganham importância para a sociedade, incentivadas pelas inovações tecnológicas, como os meios de comunicação e de transporte.

Por outro lado, o Brasil padece. Diversas são as revoltas que se espalham pelo país. Na região Nordeste, vê-se o crescimento do movimento do cangaço e do fanatismo religioso: a Revolta de Canudos deixa o país inquieto com Antônio Conselheiro — e este será o tema da obra inaugural pré-modernista, *Os Sertões*, de Euclides da Cunha; o Padre Cícero, no Ceará, também chama a atenção para os sertanejos e sua religiosidade. Na região Sudeste, o Rio de Janeiro perde espaço e se torna palco tanto para a Revolta da Vacina (movimento popular contrário às — pouco esclarecidas — medidas sanitárias impostas pelo governo, em 1904) quanto para a Revolta da Chibata (movimento social relacionado aos maus-tratos, como castigos físicos, sofridos por militares, em 1910). Na região Sul, a Guerra do Contestado (conflito armado por disputa territorial, com o agravante do surgimento de um líder religioso, em 1912) se dá entre Santa Catarina e Paraná. Todos esses movimentos mostram que, mesmo ocorrendo em diferentes localidades, o então governo republicano reage da mesma maneira em qualquer situação: sem diálogo e com grande repressão física.

O momento em que o Pré-Modernismo se faz presente, no Brasil, reforça o caráter duplo da escola literária: seus aspectos conservadores e renovadores refletem a sociedade dividida entre a ostentação e a miséria.

Influências

O Pré-Modernismo traz influências de fontes divergentes. Seus escritores não apresentam características unânimes na composição das obras. Geralmente, ganham destaque os seguintes traços, compartilhados com os realistas:

Criticismo e *anticlericalismo* — teorias de Joseph Ernest Renan, voltadas à análise crítica do papel de Jesus Cristo e da Igreja Católica bem como de sua influência sobre o contexto social, político e econômico que os países enfrentam.

Determinismo — a teoria de Hyppolite Taine defende que o homem não tem livre-arbítrio; seu comportamento está, portanto, pré-determinado por três fatores: a raça (determinismo genético), o meio (determinismo mesológico) e o momento (determinismo histórico).

Evolucionismo — teoria de Charles Darwin; defende a seleção natural de todos os seres vivos e que, portanto, o homem é influenciado por instintos animais. Para evoluir, a adaptação ao meio é indispensável: apenas os mais fortes, os que melhor se adaptam, sobrevivem.

Objetivismo — os autores têm compromisso em observar o que ocorre no cotidiano da sociedade para retratá-la com neutralidade, como meros espectadores. Porém, é importante lembrar que se trata de um trabalho artístico, de modo que a criação é alterada pela visão do escritor, sem que se perca o vínculo com o que é observado. Uma das técnicas mais empregadas para executar essa tarefa é o *descritivismo*, ou seja, a descrição muitas vezes detalhista com a intenção de levar o leitor a visualizar o ambiente retratado.

Pessimismo — o pensamento de Arthur Schopenhauer prega que nada resta ao homem além de sofrer até o fim de sua existência, uma vez que está sempre insatisfeito por guiar suas ações pelo desejo e pelo erro.

Positivismo — a teoria de Auguste Comte defende que só pode ser considerado verdadeiro aquilo que se comprova cientificamente por meio de experiências.

Socialismo científico — teoria de Karl Marx e Friedrich Engels; afirma que a vida social é condicionada pelo modo de produção vigente, assim como defende que a luta de classes é responsável pela evolução da sociedade para que se alcancem a justiça e a igualdade.

Socialismo utópico — teoria de Pierre-Joseph Proudhon; mostra-se contrária à luta de classes defendida pelo Socialismo científico. Seu pensamento está relacionado à organização de pequenos aglomerados de produtores, vivendo à base do auxílio mútuo.

O Naturalismo, além de manter as influências relacionadas ao Realismo, ainda acrescenta outras influências:

Coletividade — nestas obras, é nítida a opressão da sociedade em relação às camadas mais baixas, em concordância com o socialismo científico.

Experimentalismo — a teoria de Claude Bernard relaciona-se ao campo da Medicina: o que se afirma como verdade precisa ser comprovado por intermédio de exames laboratoriais. Os escritores naturalistas partem desse princípio e desenvolvem romances de tese: a narrativa deve, obrigatoriamente, comprovar a verdade de sua proposição por meio de exames minuciosos relacionados à sociedade, levando à tona toda problemática humana — tanto a patologia clínica (por meio de caricaturas, males como varíola, flatulências, dispepsias, tuberculose, entre tantos outros) quanto a patologia social (relações adúlteras ou com interesses financeiros, por exemplo).

Perspectiva biológica degradante — a animalização do homem é uma consequência do *Evolucionismo*, muitas vezes exaltando o sensualismo repulsivo.

Quanto se trata de poesia, é possível que os textos pré-modernistas resgatem características parnasianas, como:

Preciosismo — dedicação à busca pela perfeição formal. Os poetas parnasianos têm preferência pelo vocabulário erudito e por sonetos, composições de 14 versos, distribuídos em dois quartetos e dois tercetos. Tais versos eram decassílabos ou alexandrinos (com 12 sílabas poéticas).

Em contrapartida a esses estilos literários, o Pré-Modernismo herda características simbolistas:

Musicalidade — com seu intuito de sugerir sensações aos leitores, os poetas simbolistas muito se preocupavam em explorar o máximo da sonoridade em suas composições. Além das rimas, recursos estilísticos como a aliteração (repetição de sons consonantais) e a assonância (repetição de sons vocálicos) são amplamente empregados.

Por outro lado, antecipando a quebra de padrões do Modernismo, os pré-modernistas podem ainda demonstrar em suas obras:

Temática nacionalista — inova-se ao levar para a literatura o contexto vivido no Brasil, mas não retratando apenas grandes centros e as camadas mais altas da sociedade. O Pré-Modernismo apresenta aos leitores a problemática dos miseráveis, daqueles que até então não tiveram voz na arte: são os sertanejos, os caboclos, os suburbanos.

Vanguardas europeias — originário do idioma francês, *avant-garde*, ou "vanguarda", é um termo militar, designando aqueles que vão à frente do regimento; as artes plásticas e a literatura apropriaram-se da palavra, passando a designar um movimento artístico com ideias à frente de seu tempo. Trata-se dos cubistas, futuristas, dadaístas, surrealistas, expressionistas — em comum, todos eles entram em confronto com os conceitos pré-estabelecidos vigentes nas artes.

Por fim, vale ainda fazer uma observação a respeito da linguagem empregada pelos autores pré-modernistas: neste quesito não houve unanimidade. Do mesmo modo em que alguns optaram por conservar a formalidade e o cientificismo, caso de Euclides da Cunha, outros inovaram, como João do Rio.

O AUTOR

Augusto Carvalho Rodrigues dos Anjos (1884-1914), nasceu em Engenho Pau D'Arco, na Paraíba. Muitos biógrafos comentam uma possível patologia de ordem psiquiátrica; segundo esses estudiosos, a mãe do poeta sofreu um abalo muito forte durante sua gestação, uma vez que um irmão dela morrera — ela não teria se recuperado desse choque, motivando a patologia do escritor. Relatos de colegas dele mencionavam a personalidade introspectiva e a inteligência aguçada que Augusto possuía, assim como sua forma de composição: falava sozinho, caminhando e gesticulando, para alcançar a perfeição formal pretendida.

O fato é que, na infância, teve como responsável por seus estudos o próprio pai, um homem de muitas leituras. Nesse período, acompanhou a problemática situação dos donos de engenhos da região Nordeste do país, caso de sua família: a chegada das usinas de cana-de-açúcar foi responsável pela decadência de muitos deles. A continuidade de sua vida acadêmica se deu no Liceu Paraibano e, em seguida, na Faculdade de Direito do Recife.

Bacharel aos 23 anos, não desempenhou funções relacionadas à advocacia. Optou por lecionar língua portuguesa, iniciando sua carreira em João Pessoa. Em 1910, casou-se e mudou-se para o Rio de Janeiro, dando continuidade ao magistério. Em 1912, lançou *Eu*, com o auxílio de um dos seus irmãos. Em 1914, com 30 anos, tornou-se diretor de um colégio em Leopoldina-MG, onde faleceu logo em seguida, de pneumonia.

O Pré-Modernismo de Augusto dos Anjos

Dono de estilo próprio, Augusto dos Anjos é autor de uma obra inclassificável. Responsável por fundir características dos mais variadas escolas literárias — Realismo, Naturalismo, Parnasianismo, Simbolismo e Modernismo —, o poeta é alvo da crítica especializada até os dias atuais. A escolha por reuni-lo aos demais pré-modernistas se dá justamente porque esse período não se confirma exatamente como um estilo literário, dotado de características próprias, mas como uma transição entre diversos estilos.

Essa questão pode ser defendida sem dúvidas, pois a obra de Augusto dos Anjos demonstra elementos conservadores e renovadores. Ele optou por seguir a tradição literária (ao escolher diversas vezes o soneto decassilábico, por exemplo) da mesma forma em que optou por subverter o conteúdo, chocando o leitor: o poeta recorre inúmeras vezes, por exemplo, à putrefação da matéria, destino do qual ninguém pode fugir.

Trata-se, portanto, de uma poesia que, em um primeiro momento, assusta o leitor. O motivo é simples: a morbidez e o pessimismo são as temáticas predominantes de seus poemas. Além disso, o vocabulário científico escolhido para retratar tais assuntos afasta-se completamente do que se espera encontrar em uma poesia. A agressividade das imagens causa repulsa, tamanha a objetividade empregada para que a miséria humana seja abordada. Porém, apesar do abalo que suas palavras causam, a originalidade do poeta ainda lhe garante um lugar entre os mais lidos do Brasil.

Sobre *Eu e outras poesias*

Publicado postumamente, em 1919, *Eu e outras poesias* é a reedição do primeiro livro de Augusto dos Anjos, *Eu* (de 1912), acrescido de poemas inéditos, trabalho organizado por um amigo do autor, Órris Soares. Sua obra é controversa na temática, alternando entre vida e morte, amor e dor, idealismo e materialismo. Augusto constantemente transgride rótulos literários, mesclando características das mais diversas e antagônicas escolas.

A princípio, um estilo constantemente presente em sua poesia é o Realismo, sobretudo em relação ao olhar objetivista e positivista do eu lírico. Em "As cismas do destino", ele observa com bastante racionalidade o ambiente em que está inserido para, em seguida, discorrer sobre o futuro:

"Recife, Ponte Buarque de Macedo.
Eu, indo em direção à casa do Agra,
Assombrado com a minha sombra magra,
Pensava no Destino, e tinha medo! (...)"

A influência dos naturalistas, como Jean-Baptiste de Lamarck, Charles Darwin e Ernst Haeckel, permite ao eu lírico mencionar sua origem baseada no Evolucionismo, em "Monólogo de uma sombra":

"Sou uma Sombra! Venho de outras eras,
Do cosmopolitismo das moneras...
Pólipo de recônditas reentrâncias,
Larva de caos telúrico, procedo
Da escuridão do cósmico segredo,
Da substância de todas as substâncias! (...)

O Naturalismo também se faz presente na perspectiva degradante do ser humano, momento em que muitas vezes a imagem ocasiona repulsa no leitor, como o eu lírico em seu momento de refeição, em "À mesa":

"Cedo à sofreguidão do estômago. É a hora
De comer. Coisa hedionda! Corro. E agora,
Antegozando a ensanguentada presa,
Rodeado pelas moscas repugnantes
Eis-me sentado à mesa! (...)"

Vale ressaltar que a escolha por imagens impactantes deformando a realidade com tendência ao grotesco, como a de moscas rondando um prato de refeição, é preceito do Expressionismo, vanguarda de origem alemã, cujo objetivo era romper com a sutileza do Impressionismo. Em *Eu e outras poesias*, há mais uma imagem reiterada inúmeras vezes, fortemente notada pelo teor escatológico; trata-se dos vermes decompositores da matéria formadora do homem.

Outra presença constantemente verificada na obra de Augusto dos Anjos é a do filósofo alemão Arthur Schopenhauer e sua visão realista-pessimista. "O lamento das coisas", além do próprio título, traz esse sentimento relacionado à não satisfação do desejo:

"(...) É o soluço da forma ainda imprecisa...
Da transcendência que se não realiza...
Da luz que não chegou a ser lampejo...

E é em suma, o subconsciente aí formidando
Da Natureza que parou, chorando,
No rudimentarismo do Desejo!"

Há, igualmente, a impossibilidade de qualquer tipo de contentamento. Em uma postura niilista, o eu lírico defende que a vida não tem sentido ou utilidade, conforme expressa em "Queixas noturnas":

"(...) Se algum dia o Prazer vier procurar-me
Dize a este monstro que fugi de casa!"

Já como herança parnasiana podem-se citar o preciosismo formal, como as rimas ricas em "À mesa", entre "hora" (substantivo) e "agora" (advérbio de tempo); os versos decassílabos e a escolha vocabular em "O lamento das coisas" ("formidando", "rudimentarismo").

Finalmente, influência dos poetas simbolistas, há a postura filosófica e a musicalidade, ambas presentes ao longo de todo *Eu e outras poesias*. A respeito da sonoridade, um exemplo é o primeiro terceto de "Eterna mágoa", transcrito abaixo, no qual se nota a aliteração do som /s/:

"(...) Sabe que sofre, mas o que não sabe
É que essa mágoa infinda assim não cabe
Na sua vida, é que essa mágoa infinda (...).

Permeada por contrastes e de forte tendência niilista, *Eu e outras poesias* é uma obra inusitada e transgressora. Augusto dos Anjos mostra, com coragem, a problemática humana por meio de uma poesia contundente e atual — motivo pelo qual é lida e relida por diferentes gerações de brasileiros.

À MEMÓRIA DE MEU PAI.

À minha mãe — Córdula C. R. dos Anjos.

À minha mulher — Ester Fialho B. dos Anjos.

À minha filhinha — Glória.

Aos meus irmãos.

Eu e outras poesias

Eu

Monólogo de uma sombra

"Sou uma Sombra! Venho de outras eras,
Do cosmopolitismo das moneras...
Pólipo de recônditas reentrâncias,
Larva de caos telúrico, procedo
Da escuridão do cósmico segredo,
Da substância de todas as substâncias!

A simbiose das coisas me equilibra.
Em minha ignota mônada, ampla, vibra
A alma dos movimentos rotatórios.
E é de mim que decorrem, simultâneas,
A saúde das forças subterrâneas
E a morbidez dos seres ilusórios!

Pairando acima dos mundanos tectos,
Não conheço o acidente da *Senectus*
— Esta universitária sanguessuga
Que produz, sem dispêndio algum de vírus,
O amarelecimento dos papiros
E a miséria anatômica da ruga!

Na existência social, possuo uma arma
— O metafisicismo de Abidarma —
E trago, sem bramânicas tesouras,
Como um dorso de azêmola passiva,
A solidariedade subjetiva
De todas as espécies sofredoras.

Com um pouco de saliva quotidiana
Mostro meu nojo à Natureza Humana.
A podridão me serve de Evangelho...
Amo o esterco, os resíduos ruins dos quiosques
E o animal inferior que urra nos bosques
É com certeza meu irmão mais velho!

Tal qual quem para o próprio túmulo olha,
Amarguradamente se me antolha,
À luz do americano plenilúnio,
Na alma crepuscular de minha raça
Como uma vocação para a Desgraça
E um tropismo ancestral para o Infortúnio.

Aí vem sujo, a coçar chagas plebeias,
Trazendo no deserto das ideias
O desespero endêmico do inferno,
Com a cara hirta, tatuada de fuligens
Esse mineiro doido das origens,
Que se chama o Filósofo Moderno!

Quis compreender, quebrando estéreis normas,
A vida fenomênica das Formas,
Que, iguais a fogos passageiros, luzem.
E apenas encontrou na ideia gasta,
O horror dessa mecânica nefasta,
A que todas as cousas se reduzem!

E hão de achá-lo, amanhã, bestas agrestes,
Sobre a esteira sarcófaga das pestes
A mostrar, já nos últimos momentos,
Como quem se submete a uma charqueada,
Ao clarão tropical da luz danada,
O espólio dos seus dedos peçonhentos.

Tal a finalidade dos estames!
Mas ele viverá, rotos os liames
Dessa estranguladora lei que aperta

Todos os agregados perecíveis,
Nas eterizações indefiníveis
Da energia intra-atômica liberta!

Será calor, causa ubíqua de gozo,
Raio X, magnetismo misterioso,
Quimiotaxia, ondulação aérea,
Fonte de repulsões e de prazeres,
Sonoridade potencial dos seres,
Estrangulada dentro da matéria!

E o que ele foi: clavículas, abdômen,
O coração, a boca, em síntese, o Homem,
— Engrenagem de vísceras vulgares —
Os dedos carregados de peçonha,
Tudo coube na lógica medonha
Dos apodrecimentos musculares!

A desarrumação dos intestinos
Assombra! Vêde-a! Os vermes assassinos
Dentro daquela massa que o húmus come,
Numa glutoneria hedionda, brincam,
Como as cadelas que as dentuças trincam
No espasmo fisiológico da fome.

É uma trágica festa emocionante!
A bacteriologia inventariante:
Toma conta do corpo que apodrece.
E até os membros da família engulham,
Vendo as larvas malignas que se embrulham
No cadáver malsão, fazendo um *s*.

E foi então para isto que esse doudo
Estragou o vibrátil plasma todo,
À guisa de um faquir, pelos cenóbios?!
Num suicídio graduado, consumir-se,
E após tantas vigílias, reduzir-se
À herança miserável de micróbios!

Estoutro agora é o sátiro peralta
Que o sensualismo sodomista exalta,
Nutrindo sua infâmia a leite e a trigo
Como que, em suas células vilíssimas,
Há estratificações requintadíssimas
De uma animalidade sem castigo.

Brancas bacantes bêbedas o beijam.
Suas artérias hírcicas latejam,
Sentindo o odor das carnações abstêmias,
E à noite, vai gozar, ébrio de vício,
No sombrio bazar do meretrício,
O cuspo afrodisíaco das fêmeas.

No horror de sua anômala nevrose,
Toda a sensualidade da simbiose,
Uivando, à noite, em lúbricos arroubos,
Como no babilônico *sansara,*
Lembra a fome incoercível que escancara
A mucosa carnívora dos lobos.

Sôfrego, o monstro as vítimas aguarda.
Negra paixão congênita, bastarda,
Do seu zooplasma ofídico resulta.
E explode, igual à luz que o ar acomete,
Com a veemência mavórtica do ariete
E os arremessos de uma catapulta.

Mas muitas vezes, quando a noite avança,
Hirto, observa através a tênue trança
Dos filamentos fluídicos de um halo
A destra descarnada de um duende,
Que, tateando nas tênebras, se estende
Dentro da noite má, para agarrá-lo!

Cresce-lhe a intracefálica tortura,
E de sua alma na caverna escura,
Fazendo ultraepilépticos esforços,

Acorda, com os candeeiros apagados,
Numa coreografia de danados,
A família alarmada dos remorsos.

É o despertar de um povo subterrâneo!
É a fauna cavernícola do crânio
— Macbeths da patológica vigília,
Mostrando, em rembrantescas telas várias,
As incestuosidades sanguinárias
Que ele tem praticado na família.

As alucinações tactis pululam.
Sente que megatérios o estrangulam.
A asa negra das moscas o horroriza;
E autopsiando a amaríssima existência
Encontra um cancro assíduo na consciência
E três manchas de sangue na camisa!

Mingua-se o combustível da lanterna
E a consciência do sátiro se inferna,
Reconhecendo, bêbedo de sono,
Na própria ânsia dionísica do gozo,
Essa necessidade de *horroroso,*
Que é talvez propriedade do carbono!

Ah! Dentro de toda a alma existe a prova
De que a dor como um dartro se renova,
Quando o prazer barbaramente a ataca.
Assim também, observa a ciência crua,
Dentro da elipse ignívoma da lua
A realidade de uma esfera opaca.

Somente a Arte, esculpindo a humana mágoa,
Abranda as rochas rígidas, torna água
Todo o fogo telúrico profundo
E reduz, sem que, entanto, a desintegre,
À condição de uma planície alegre,
A aspereza orográfica do mundo!

Provo desta maneira ao mundo odiento
Pelas grandes razões do sentimento,
Sem os métodos da abstrusa ciência fria
E os trovões gritadores da dialética,
Que a mais alta expressão da dor estética
Consiste essencialmente na alegria.

Continua o martírio das criaturas:
— O homicídio nas vielas mais escuras,
— O ferido que a hostil gleba atra escarva,
— O último solilóquio dos suicidas
E eu sinto a dor de todas essas vidas
Em minha vida anônima de larva!"

Disse isto a Sombra. E, ouvindo estes vocábulos,
Da luz da lua aos pálidos venábulos,
Na ânsia de um nervosíssimo entusiasmo,
Julgava ouvir monótonas corujas,
Executando, entre caveiras sujas,
A orquestra arripiadora do sarcasmo!

Era a elégia panteísta do Universo,
Na podridão do sangue humano imerso,
Prostituído talvez, em suas bases.
Era a canção da Natureza exausta,
Chorando e rindo na ironia infausta
Da incoerência infernal daquelas frases.

E o turbilhão de tais fonemas acres
Trovejando grandíloquos massacres,
Há de ferir-me as auditivas portas,
Até que minha efêmera cabeça
Reverta à quietação da treva espessa
E à palidez das fotosferas mortas?

Agonia de um filósofo

Consulto o Phtah-Hotep. Leio o obsoleto
Rig-Veda. E, ante obras tais, me não consolo.
O Inconsciente me assombra e eu nele rolo
Com a cólica fúria do harmatã inquieto!

Assisto agora à morte de um inseto!.
Ah! todos os fenômenos do solo
Parecem realizar de pólo a polo
O ideal de Anaximandro de Mileto!

No hierático areópago heterogêneo
Das ideias, percorro como um gênio
Desde a alma de Haeckel à alma cenobial!

Rasgo dos mundos o velário espesso;
E em tudo, igual a Goethe, reconheço
O império da *substância universal!*

O morcego

Meia-noite. Ao meu quarto me recolho.
Meu Deus! E este morcego! E, agora, vede:
Na bruta ardência orgânica da sede,
Morde-me a goela ígneo e escaldante molho.

"Vou mandar levantar outra parede"
— Digo. Ergo-me a tremer. Fecho o ferrolho
E olho o teto. E vejo-o ainda, igual a um olho,
Circularmente sobre a minha rede!

Pego de um pau. Esforços faço. Chego
A tocá-lo. Minh'alma se concentra.
Que ventre produziu tão feio parto?!

A Consciência Humana é este morcego!
Por mais que a gente faça, à noite, ele entra
Imperceptivelmente em nosso quarto!

Psicologia de um vencido

Eu, filho do carbono e do amoníaco,
Monstro de escuridão e rutilância,
Sofro, desde a epigênesis da infância,
A influência má dos signos do zodíaco.

Profundíssimamente hipocondríaco,
Este ambiente me causa repugnância.
Sobe-me à boca uma ânsia, análoga à ânsia
Que se escapa da boca de um cardíaco.

Já o verme — este operário das ruínas —
Que o sangue podre das carnificinas
Come, e à vida em geral declara guerra,

Anda a espreitar meus olhos para roê-los,
E há de deixar-me apenas os cabelos,
Na frialdade inorgânica da terra!

A ideia

De onde ela vem?! De que matéria bruta
Vem essa luz que sobre as nebulosas
Cai de incógnitas criptas misteriosas
Como as estalactites duma gruta?!

Vem da psicogenética e alta luta
Do feixe de moléculas nervosas,
Que, em desintegrações maravilhosas,
Delibera, e depois, quer e executa!

Vem do encéfalo absconso que a constringe,
Chega em seguida às cordas da laringe,
Tísica, tênue, mínima, raquítica.

Quebra a força centrípeta que a amarra,
Mas, de repente, e quase morta, esbarra
No mulambo da língua paralítica!

O Lázaro da pátria

Filho podre de antigos Goitacases,
Em qualquer parte onde a cabeça ponha,
Deixa circunferências de peçonha,
Marcas oriundas de úlceras e antrazes.

Todos os cinocéfalos vorazes
Cheiram seu corpo. À noite, quando sonha,
Sente no tórax a pressão medonha
Do bruto embate férreo das tenazes.

Mostra aos montes e aos rígidos rochedos
A hedionda elefantíase dos dedos.
Há um cansaço no Cosmos. Anoitece.

Riem as meretrizes no Casino,
E o Lázaro caminha em seu destino
Para um fim que ele mesmo desconhece!

Idealização da humanidade futura

Rugia nos meus centros cerebrais
A multidão dos séculos futuros
— Homens que a herança de ímpetos impuros
Tornara etnicamente irracionais! —

Não sei que livro, em letras garrafais,
Meus olhos liam! No húmus dos monturos,
Realizavam-se os partos mais obscuros,
Dentre as genealogias animais!

Como quem esmigalha protozoários
Meti todos os dedos mercenários
Na consciência daquela multidão...

E, em vez de achar a luz que os Céus inflama,
Somente achei moléculas de lama
E a mosca alegre da putrefação!

Soneto

Ao meu primeiro filho nascido
morto com 7 meses incompletos
2 fevereiro 1911.

Agregado infeliz de sangue e cal,
Fruto rubro de carne agonizante,
Filho da grande força fecundante
De minha brônzea trama neuronial,

Que poder embriológico fatal
Destruiu, com a sinergia de um gigante,
Em tua *morfogênese* de infante
A minha *morfogênese* ancestral?!

Porção de minha plásmica substância,
Em que lugar irás passar a infância,
Tragicamente anônimo, a feder?!

Ah! Possas tu dormir feto esquecido,
Panteisticamente dissolvido
Na *noumenalidade* do NÃO SER!

Versos a um cão

Que força pode, adstrita a embriões informes,
Tua garganta estúpida arrancar
Do segredo da célula ovular
Para latir nas solidões enormes?!

Esta obnóxia inconsciência, em que tu dormes,
Suficientíssima é, para provar
A incógnita alma, avoenga e elementar
Dos teus antepassados vermiformes.

Cão! — Alma de inferior rapsodo errante!
Resigna-a, ampara-a, arrima-a, afaga-a, acode-a
A escala dos latidos ancestrais...

E irá assim, pelos séculos, adiante,
Latindo a esquisitíssima prosódia
Da angústia hereditária dos seus pais!

O deus-verme

Fator universal do transformismo,
Filho da teleológica matéria,
Na superabundância ou na miséria,
Verme — é o seu nome obscuro de batismo.

Jamais emprega o acérrimo exorcismo
Em sua diária ocupação funérea,
E vive em contubérnio com a bactéria,
Livre das roupas do antropomorfismo.

Almoça a podridão das drupas; agras,
Janta hidrópicos, rói vísceras magras
E dos defuntos novos incha a mão.

Ah! Para ele é que a carne podre fica,
E no inventário da matéria rica
Cabe aos seus filhos a maior porção!

Debaixo do tamarindo

No tempo de meu Pai, sob estes galhos,
Como uma vela fúnebre de cera,
Chorei bilhões de vezes com a canseira
De inexorabilíssimos trabalhos!

Hoje, esta árvore, de amplos agasalhos,
Guarda, como uma caixa derradeira,
O passado da Flora Brasileira
E a paleontologia dos Carvalhos!

Quando pararem todos os relógios
De minha vida, e a voz dos necrológios
Gritar nos noticiários que eu morri,

Voltando à pátria da homogeneidade,
Abraçada com a própria Eternidade
A minha sombra há de ficar aqui!

As cismas do destino

I

Recife. Ponte Buarque de Macedo.
Eu, indo em direção à casa do Agra,
Assombrado com a minha sombra magra,
Pensava no Destino, e tinha medo!

Na austera abóbada alta o fósforo alvo
Das estrelas luzia... O calçamento

Sáxeo, de asfalto rijo, atro e vidrento,
Copiava a polidez de um crânio calvo.

Lembro-me bem. A ponte era comprida,
E a minha sombra enorme enchia a ponte,
Como uma pele de rinoceronte
Estendida por toda a minha vida!

A noite fecundava o ovo dos vícios
Animais. Do carvão da treva imensa
Caía um ar danado de doença
Sobre a cara geral dos edifícios!

Tal uma horda feroz de cães famintos,
Atravessando uma estação deserta,
Uivava dentro do *eu,* com a boca aberta,
A matilha espantada dos instintos!

Era como se, na alma da cidade,
Profundamente lúbrica e revolta,
Mostrando as carnes, uma besta solta
Soltasse o berro da animalidade.

E aprofundando o raciocínio obscuro,
Eu vi, então, à luz de áureos reflexos,
O trabalho genésico dos sexos,
Fazendo à noite os homens do Futuro.

Livres de microscópios e escalpelos,
Dançavam, parodiando saraus cínicos,
Biliões de *centrosomas* apolínicos
Na câmara promíscua do *vitellus.*

Mas, a irritar-me os globos oculares,
Apregoando e alardeando a cor nojenta,
Fetos magros, ainda na placenta,
Estendiam me as mãos rudimentares!

Mostravam-me o apriorismo incognoscível
Dessa fatalidade igualitária,
Que fez minha família originária
Do antro daquela fábrica terrível!

A corrente atmosférica mais forte
Zunia. E, na ígnea crostra do Cruzeiro,
Julgava eu ver o fúnebre candeeiro
Que há de me alumiar na hora da morte.

Ninguém compreendia o meu soluço,
Nem mesmo Deus! Da roupa pelas brechas,
O vento bravo me atirava flechas,
E aplicações hiemais de gelo russo.

A vingança dos mundos astronômicos
Enviava à terra extraordinária faca,
Posta em rija adesão de goma-laca
Sobre os meus elementos anatômicos.

Ah! Com certeza, Deus me castigava!
Por toda a parte, como um réu confesso,
Havia um juiz que lia o meu processo
E uma força especial que me esperava!

Mas o vento cessara por instantes
Ou, pelo menos, o *ignis sapiens* do Orco
Abafava-me o peito arqueado e porco
Num núcleo de substâncias abrasantes.

É bem possível que eu um dia cegue.
No ardor desta letal tórrida zona,
A cor do sangue é a cor que me impressiona
E a que mais neste mundo me persegue!

Essa obsessão cromática me abate.
Não sei por que me vem sempre à lembrança

O estômago esfaqueado de uma criança
E um pedaço de víscera escarlate.

Quisera qualquer coisa provisória
Que a minha cerebral caverna entrasse,
E até ao fim, cortasse e recortasse
A faculdade aziaga da memória.

Na ascensão barométrica da calma,
Eu bem sabia, ansiado e contrafeito,
Que uma população doente do peito
Tossia sem remédio na minh'alma!

E o cuspo que essa hereditária tosse
Golfava, à guisa de ácido resíduo,
Não era o cuspo só de um indivíduo
Minado pela tísica precoce.

Não! Não era o meu cuspo, com certeza
Era a expectoração pútrida e crassa
Dos brônquios pulmonares de uma raça
Que violou as leis da Natureza!

Era antes uma tosse ubíqua, estranha,
Igual ao ruído de um calhau redondo
Arremessado no apogeu do estrondo,
Pelos fundibulários da montanha!

E a saliva daqueles infelizes
Inchava, em minha boca, de tal arte,
Que eu, para não cuspir por toda a parte,
Ia engolindo, aos poucos, a hemoptísis!

Na alta alucinação de minhas cismas
O microcosmos: líquido da gota
Tinha a abundância de uma artéria rota,
Arrebentada pelos aneurismas.

Chegou-me o estado máximo da mágoa!
Duas, três, quatro, cinco, seis e sete
Vezes que eu me furei com um canivete,
A hemoglobina vinha cheia de água!

Cuspo, cujas caudais meus beiços regam,
Sob a forma de mínimas camândulas,
Benditas sejam todas essas glândulas,
Que, quotidianamente, te segregam!

Escarrar de um abismo noutro abismo,
Mandando ao Céu o fumo de um cigarro,
Há mais filosofia neste escarro
Do que em toda a moral do cristianismo!

Porque, se no orbe oval que os meus pés tocam
Eu não deixasse o meu cuspo carrasco,
Jamais exprimiria o acérrimo asco
Que os canalhas do mundo me provocam!

II

Foi no horror dessa noite tão funérea
Que eu descobri, maior talvez que Vinci,
Com a força visualística do lince,
A falta de unidade na matéria!

Os esqueletos desarticulados,
Livres do acre fedor das carnes mortas,
Rodopiavam, com as brancas tíbias tortas,
Numa dança de números quebrados!

Todas as divindades malfazejas,
Siva e Arimã, os duendes, o In e os trasgos,
Imitando o barulho dos engasgos,
Davam pancadas no adro das igrejas.

Nessa hora de monólogos sublimes,
A companhia dos ladrões da noite,
Buscando uma taverna que os acoite,
Vai pela escuridão pensando crimes.

Perpetravam-se os atos mais funestos,
E o luar, da cor de um doente de icterícia,
Iluminava, a rir, sem pudicícia,
A camisa vermelha dos incestos.

Ninguém, de certo, estava ali, a espiar-me,
Mas um lampião, lembrava ante o meu rosto,
Um sugestionador olho, ali posto
De propósito, para hipnotizar-me!

Em tudo, então, meus olhos distinguiram
Da miniatura singular de uma aspa,
À anatomia mínima da caspa,
Embriões de mundos que não progrediram!

Pois quem não vê aí, em qualquer rua,
Com a fina nitidez de um claro jorro,
Na paciência budista do cachorro
A alma embrionária que não continua?!

Ser cachorro! Ganir incompreendidos
Verbos! Querer dizer-nos que não finge,
E a palavra embrulhar-se no laringe,
Escapando-se apenas em latidos!

Despir a putrescível forma tosca,
Na atra dissolução que tudo inverte,
Deixar cair sobre a barriga inerte
O apetite necrófago da mosca!

A alma dos animais! Pego-a, distingo-a,
Acho-a nesse interior duelo secreto

Entre a ânsia de um vocábulo completo
E uma expressão que não chegou à língua!

Surpreendo-a em quatriliões de corpos vivos,
Nos antiperistálticos abalos
Que produzem nos bois e nos cavalos
A contração dos gritos instintivos!

Tempo viria, em que, daquele horrendo
Caos de corpos orgânicos disformes
Rebentariam cérebros enormes
Como bolhas febris de água, fervendo!

Nessa época que os sábios não ensinam,
A pedra dura, os montes argilosos
Criariam feixes de cordões nervosos
E o neuroplasma dos que raciocinam!

Almas pigmeias! Deus subjuga-as, cinge-as
À imperfeição! Mas vem o Tempo, e vence-O,
E o meu sonho crescia no silêncio,
Maior que as epopeias carolíngias!

Era a revolta trágica dos tipos
Ontogênicos mais elementares,
Desde os foraminíferos dos mares
À grei liliputiana dos pólipos.

Todos os personagens da tragédia,
Cansados de viver na paz de Buda,
Pareciam pedir com a boca muda
A ganglionária célula intermédia.

A planta que a canícula ígnea torra,
E as coisas inorgânicas mais nulas
Apregoavam encéfalos, medulas
Na alegria guerreira da desforra!

Os protistas e o obscuro acervo rijo
Dos espongiários e dos infusórios
Recebiam com os seus órgãos sensórios
O triunfo emocional do regozijo!

E apesar de já ser assim tão tarde,
Aquela humanidade parasita,
Como um bicho inferior, berrava, aflita,
No meu temperamento de covarde!

Mas, refletindo, a sós, sobre o meu caso,
Vi que, igual a um amneota subterrâneo,
Jazia atravessada no meu crânio
A intercessão fatídica do atraso!

A hipótese genial do *microzima*
Me estrangulava o pensamento guapo,
E eu me encolhia todo como um sapo
Que tem um peso incômodo por cima!

Nas agonias do *delirium-tremens,*
Os bêbedos alvares que me olhavam,
Com os copos cheios esterilizavam
A substância prolífica dos semens!

Enterravam as mãos dentro das goelas,
E sacudidos de um tremor indômito
Expeliam, na dor forte do vômito,
Um conjunto de gosmas amarelas.

Iam depois dormir nos lupanares
Onde, na glória da concupiscência,
Depositavam quase sem consciência
As derradeiras forças musculares.

Fabricavam destarte os blastodermas,
Em cujo repugnante receptáculo

Minha perscrutação via o espetáculo
De uma progênie idiota de palermas.

Prostituição ou outro qualquer nome,
Por tua causa, embora o homem te aceite,
É que as mulheres ruins ficam sem leite
E os meninos sem pai morrem de fome!

Por que há de haver aqui tantos enterros?
Lá no "Engenho" também, a morte é ingrata
Há o malvado carbúnculo que mata
A sociedade infante dos bezerros!

Quantas moças que o túmulo reclama!
E após a podridão de tantas moças,
Os porcos esponjando-se nas poças
Da virgindade reduzida à lama!

Morte, ponto final da última cena,
Forma difusa da matéria imbele,
Minha filosofia te repele,
Meu raciocínio enorme te condena!

Diante de ti, nas catedrais mais ricas,
Rolam sem eficácia os amuletos,
Oh! Senhora dos nossos esqueletos
E das caveiras diárias que fabricas!

E eu desejava ter, numa ânsia rara,
Ao pensar nas pessoas que perdera,
A inconsciência das máscaras de cera
Que a gente prega, com um cordão, na cara!

Era um sonho ladrão de submergir-me
Na vida universal, e, em tudo imerso,
Fazer da parte abstrata do Universo,
Minha morada equilibrada e firme!

Nisto, pior que o remorso do assassino,
Reboou, tal qual, num fundo de caverna,
Numa impressionadora voz interna,
O eco particular do meu Destino:

III

"Homem! Por mais que a Ideia desintegres,
Nessas perquisições que não têm pausa,
Jamais, magro homem, saberás a causa
De todos os fenômenos alegres!

Em vão, com a bronca enxada árdega, sondas
A estéril terra, e a hialina lâmpada oca,
Trazes, por perscrutar (oh! ciência louca!)
O conteúdo das lágrimas hediondas.

Negro e sem fim é esse em que te mergulhas
Lugar do Cosmos, onde a dor infrene
É feita como é feito o querosene
Nos recôncavos úmidos das hulhas!

Porque, para que a Dor perscrutes, fora
Mister que, não como és, em síntese, antes
Fosses, a refletir teus semelhantes,
A própria humanidade sofredora!

A universal complexidade é que Ela
Compreende. E se, por vezes, se divide,
Mesmo ainda assim, seu todo não reside
No quociente isolado da parcela!

Ah! Como o ar imortal a Dor não finda!
Das papilas nervosas que há nos tatos
Veio e vai desde os tempos mais transactos
Para outros tempos que hão de vir ainda!

Como o machucamento das insônias
Te estraga, quando toda a estuada Ideia
Dás ao sôfrego estudo da ninfeia
E de outras plantas dicotiledôneas!

A diáfana água alvíssima e a hórrida áscua
Que da ígnea flama bruta, estriada, espirra;
A formação molecular da mirra,
O cordeiro simbólico da Páscoa;

As rebeladas cóleras que rugem
No homem civilizado, e a ele se prendem
Como às pulseiras que os mascates vendem
A aderência teimosa da ferrugem;

O orbe feraz que bastos tojos acres
Produz; a rebelião que, na batalha,
Deixa os homens deitados, sem mortalha,
Na sangueira concreta dos massacres;

Os sanguinolentíssimos chicotes
Da hemorragia; as nódoas mais espessas,
O achatamento ignóbil das cabeças,
Que ainda degrada os povos hotentotes;

O Amor e a Fome, a fera ultriz que o fojo
Entra, à espera que a mansa vítima o entre,
— Tudo que gera no materno ventre
A causa fisiológica do nojo;

As pálpebras inchadas na vigília,
As aves moças que perderam a asa,
O fogão apagado de uma casa,
Onde morreu o chefe da família;

O trem particular que um corpo arrasta
Sinistramente pela via férrea,

A cristalização da massa térrea,
O tecido da roupa que se gasta;

A água arbitrária que hiulcos caules grossos
Carrega e come; as negras formas feias
Dos aracnídeos e das centopeias,
O fogo-fátuo que ilumina os ossos;

As projeções flamívomas que ofuscam,
Como uma pincelada rembrantesca,
A sensação que uma coalhada fresca
Transmite às mãos nervosas dos que a buscam;

O antagonismo de Tífon e Osíris,
O homem grande oprimindo o homem pequeno,
A lua falsa de um parasseleno,
A mentira mateórica do arco-íris;

Os terremotos que, abalando os solos,
Lembram paióis de pólvora explodindo,
A rotação dos fluidos produzindo
A depressão geológica dos polos;

O instinto de procriar, a ânsia legítima
Da alma, afrontando ovante aziagos riscos,
O juramento dos guerreiros priscos
Metendo as mãos nas glândulas da vítima;

As diferenciações que o psicoplasma
Humano sofre na mania mística,
A pesada opressão característica
Dos dez minutos de um acesso de asma;

E, (conquanto contra isto ódios regougues)
A utilidade fúnebre da corda
Que arrasta a rês, depois que a rês engorda,
À morte desgraçada dos açougues.

Tudo isto que o terráqueo abismo encerra
Forma a complicação desse barulho
Travado entre o dragão do humano orgulho
E as forças inorgânicas da terra!

Por descobrir tudo isso, embalde cansas!
Ignoto é o gérmen dessa força ativa.
Que engendra, em cada célula passiva,
A heterogeneidade das mudanças!

Poeta, feto malsão, criado com os sucos
De um leite mau, carnívoro asqueroso,
Gerado no atavismo monstruoso
Da alma desordenada dos malucos;

Última das criaturas inferiores
Governada por átomos mesquinhos,
Teu pé mata a uberdade dos caminhos
E esteriliza os ventres geradores!

O áspero mal que a tudo, em torno, trazes,
Análogo é ao que, negro e a seu turno,
Traz o ávido filóstomo noturno
Ao sangue dos mamíferos vorazes!

Ah! Por mais que, com o espírito, trabalhes
A perfeição dos seres existentes,
Hás de mostrar a cárie dos teus dentes
Na anatomia horrenda dos detalhes!

O Espaço — esta abstração spenceriana
Que abrange as relações de coexistência
É só! Não tem nenhuma dependência
Com as vértebras mortais da espécie humana!

As radiantes elipses que as estrelas
Traçam, e ao espectador falsas se antolham

São verdades de luz que os homens olham
Sem poder, no entretanto, compreendê-las.

Em vão, com a mão corrupta, outro éter pedes
Que essa mão, de esqueléticas falanges,
Dentro dessa água que com a vista abranges,
Também prova o princípio de Arquimedes!

A fadiga feroz que te esbordoa
Há de deixar-te essa medonha marca,
Que, nos corpos inchados de anasarca,
Deixam os dedos de qualquer pessoa!

Nem terás no trabalho que tiveste
A misericordiosa toalha amiga,
Que afaga os homens doentes de bexiga
E enxuga, à noite, as pústulas da peste!

Quando chegar depois a hora tranquila,
Tu serás arrastado, na carreira,
Como um cepo inconsciente de madeira
Na evolução orgânica da argila!

Um dia comparado com um milênio
Seja, pois, o teu último Evangelho.
É a evolução do novo para o velho
E do homogêneo para o heterogêneo!

Adeus! Fica-te aí, com o abdômen largo
A apodrecer!... És poeira, e embalde vibras!
O corvo que comer as tuas fibras
Há de achar nelas um sabor amargo!”

IV

Calou-se a voz. A noite era funesta.
E os queixos, a exibir trismos danados,
Eu puxava os cabelos desgrenhados
Como o rei Lear, no meio da floresta!

Maldizia, com apóstrofes veementes,
No stentor de mil línguas insurrectas,
O convencionalismo das Pandectas
E os textos maus dos códigos recentes!

Minha imaginação atormentada
Paria absurdos... Como diabos juntos,
Perseguiam-me os olhos dos defuntos
Com a carne da esclerótica esverdeada.

Secara a clorofila das lavouras.
Igual aos sustenidos de uma endeixa,
Vinha-me às cordas glóticas a queixa
Das coletividades sofredoras.

O mundo resignava-se invertido
Nas forças principais do seu trabalho.
A gravidade era um princípio falho,
A análise espectral tinha mentido!

O Estado, a Associação, os Municípios
Eram mortos. De todo aquele mundo
Restava um mecanismo moribundo
E uma teleologia sem princípios.

Eu queria correr, ir para o inferno,
Para que, da psique no oculto jogo,
Morressem sufocadas pelo fogo
Todas as impressões do mundo externo!

Mas a Terra negava-me o equilíbrio.
Na Natureza, uma mulher de luto
Cantava, espiando as árvores sem fruto,
A canção prostituta do ludíbrio!

Budismo moderno

Torne, Dr., esta tesoura, e... corte
Minha singularíssima pessoa.
Que importa a mim que a bicharia roa
Todo o meu coração, depois da morte?!

Ah! Um urubu pousou na minha sorte!
Também, das diatomáceas da lagoa
A criptógama cápsula se esbroa,
Ao contato de bronca destra forte!

Dissolva-se, portanto, minha vida
Igualmente a uma célula caída
Na aberração de um óvulo infecundo;

Mas o agregado abstrato das saudades
Fique batendo nas perpétuas grades
Do último verso que eu fizer no mundo!

Sonho de um monista

Eu e o esqueleto esquálido de Esquilo
Viajávamos, com uma ânsia sibarita,
Por toda a pró-dinâmica infinita,
Na inconsciência de um zoófito tranquilo.

A verdade espantosa do *Protilo*
Me aterrava, mas dentro da alma aflita
Via Deus — essa mônada esquisita —
Coordenando e animando tudo aquilo!

E eu bendizia, com o esqueleto ao lado,
Na guturalidade do meu brado,
Alheio ao velho cálculo dos dias,

Como um pagão no altar de Proserpina,
A energia intracósmica divina
Que é o pai e é a mãe das outras energias!

SOLITÁRIO

Como um fantasma que se refugia
Na solidão da natureza morta,
Por trás dos ermos túmulos, um dia,
Eu fui refugiar-me à tua porta!

Fazia frio e o frio que fazia
Não era esse que a carne nos conforta.
Cortava assim como em carniçaria
O aço das facas incisivas corta!

Mas tu não vieste ver minha Desgraça!
E eu saí, como quem tudo repele,
— Velho caixão a carregar destroços —

Levando apenas na tumbal carcaça
O pergaminho singular da pele
E o chocalho fatídico dos ossos!

MATER ORIGINALIS

Forma vermicular desconhecida
Que estacionaste, mísera e mofina,
Como quase impalpável gelatina,
Nos estados prodrômicos da vida;

O hierofante que leu a minha sina
Ignorante é de que és, talvez, nascida
Dessa homogeneidade indefinida
Que o insigne Herbert Spencer nos ensina.

Nenhuma ignota união ou nenhum nexo
À contingência orgânica do sexo
A tua estacionária alma prendeu.

Ah! De ti foi que, autônoma e sem normas,
Oh! Mãe original das outras formas,
A minha forma lúgubre nasceu!

O LUPANAR

Ali! Por que monstruosíssimo motivo
Prenderam para sempre, nesta rede,
Dentro do ângulo diedro da parede,
A alma do homem polígamo e lascivo?!

Este lugar, moços do mundo, vede:
É o grande bebedouro coletivo,
Onde os bandalhos, como um gado vivo,
Todas as noites, vêm matar a sede!

É o afrodístico leito do hetairismo,
A antecâmara lúbrica, do abismo,
Em que é mister que o gênero humano entre,

Quando a promiscuidade aterradora
Matar a última força geradora
E comer o último óvulo do ventre!

Idealismo

Falas de amor, e eu ouço tudo e calo!
O amor na Humanidade é uma mentira.
É. E é por isto que na minha lira
De amores fúteis poucas vezes falo.

O amor! Quando virei por fim a amá-lo?!
Quando, se o amor que a Humanidade inspira
É o amor do sibarita e da hetaíra,
De Messalina e de Sardanapalo?!

Pois é mister que, para o amor sagrado,
O mundo fique imaterializado
— Alavanca desviada do seu fulcro —

E haja só amizade verdadeira
Duma caveira para outra caveira,
Do meu sepulcro para o teu sepulcro?!

Último credo

Como ama o homem adúltero o adultério
E o ébrio a garrafa tóxica de rum,
Amo o coveiro — este ladrão comum
Que arrasta a gente para o cemitério!

É o transcendentalíssimo mistério!
É o *nous*, é o *pneuma,* é o *ego sum qui sum*,
É a morte, é esse danado número *Um*
Que matou Cristo e que matou Tibério!

Creio, como o filósofo mais crente,
Na generalidade decrescente
Com que a substância cósmica evolui...

Creio, perante a evolução imensa,
Que o homem universal de amanhã vença
O homem particular que eu ontem fui!

O caixão fantástico

Célere ia o caixão, e, nele, inclusas,
Cinzas, caixas cranianas, cartilagens
Oriundas, como os sonhos dos selvagens,
De aberratórias abstrações abstrusas!

Nesse caixão iam talvez as Musas,
Talvez meu Pai! Hoffmânnicas visagens
Enchiam meu encéfalo de imagens
As mais contraditórias e confusas!

A energia monística do Mundo,
À meia-noite, penetrava fundo
No meu fenomenal cérebro cheio.

Era tarde! Fazia muito frio.
Na rua apenas o caixão sombrio
Ia continuando o seu passeio!

Solilóquio de um visionário

Para desvirginar o labirinto
Do velho e metafísico Mistério,
Comi meus olhos crus no cemitério,
Numa antropofagia de faminto!

A digestão desse manjar funéreo
Tornado sangue transformou-me o instinto
De humanas impressões visuais que eu sinto,
Nas divinas visões do íncola etéreo!

Vestido de hidrogênio incandescente,
Vaguei um século, improficuamente,
Pelas monotonias siderais.

Subi talvez às máximas alturas,
Mas, se hoje volto assim, com a alma às escuras,
É necessário que ainda eu suba mais!

A um carneiro morto

Misericordiosíssimo carneiro
Esquartejado, a maldição de Pio
Décimo caia em teu algoz sombrio
E em todo aquele que for seu herdeiro!

Maldito seja o mercador vadio
Que te vender as carnes por dinheiro,
Pois, tua lã aquece o mundo inteiro
E guarda as carnes dos que estão com frio!

Quando a faca rangeu no teu pescoço,
Ao monstro que espremeu teu sangue grosso
Teus olhos — fontes de perdão — perdoaram!

Oh! Tu que no Perdão eu simbolizo,
Se fosses Deus, no Dia do Juízo,
Talvez perdoasses os que te mataram!

Vozes da morte

Agora, sim! Vamos morrer, reunidos,
Tamarindo de minha desventura,
Tu, com o envelhecimento da nervura,
Eu, com o envelhecimento dos tecidos!

Ah! Esta noite é a noite dos Vencidos!
E a podridão, meu velho! E essa futura
Ultrafatalidade de ossatura,
A que nos acharemos reduzidos!

Não morrerão, porém, tuas sementes!
E assim, para o Futuro, em diferentes
Florestas, vales, selvas, glebas, trilhos,

Na multiplicidade dos teus ramos,
Pelo muito que em vida nos amamos,
Depois da morte, ainda teremos filhos!

Insânia de um simples

Em cismas patológicas insanas,
É-me grato adstringir-me, na hierarquia
Das formas vivas, à categoria
Das organizações liliputianas;

Ser semelhante aos zoófitos e às lianas,
Ter o destino de uma larva fria,
Deixar enfim na cloaca mais sombria
Este feixe de células humanas!

E enquanto arremedando Eolo iracundo,
Na orgia heliogabálica do mundo,
Ganem todos os vícios de uma vez,

Apraz-me, adstrito ao triângulo mesquinho
De um delta humilde, apodrecer sozinho
No silêncio de minha pequenez!

Os doentes

I

Como uma cascavel que se enroscava,
A cidade dos lázaros dormia.
Somente, na metrópole vazia,
Minha cabeça autônoma pensava!

Mordia-me a obsessão má de que havia,
Sob os meus pés, na terra onde eu pisava,
Um fígado doente que sangrava
E uma garganta de órfã que gemia!

Tentava compreender com as conceptivas
Funções do encéfalo as substâncias vivas
Que nem Spencer, nem Haeckel compreenderam...

E via em mim, coberto de desgraças,
O resultado de bilhões de raças
Que há muitos anos desapareceram!

II

Minha angústia feroz não tinha nome.
Ali, na urbe natal do Desconsolo,
Eu tinha de comer o último bolo
Que Deus fazia para a minha fome!

Convulso, o vento entoava um pseudopsalmo.
Contrastando, entretanto, com o ar convulso
A noite funcionava como um pulso
Fisiologicamente muito calmo.

Caíam sobre os meus centros nervosos,
Como os pingos ardentes de cem velas,
O uivo desenganado das cadelas
E o gemido dos homens bexigosos.

Pensava! E em que eu pensava, não perguntes!
Mas, em cima de um túmulo, um cachorro
Pedia para mim água e socorro
À comiseração dos transeuntes!

Bruto, de errante rio, alto e hórrido, o urro
Reboava. Além jazia aos pés da serra,
Criando as superstições de minha terra,
A queixada específica de um burro!

Gordo adubo da agreste urtiga brava,
Benigna água, magnânima e magnífica,
Em cuja álgida unção, branda e beatífica,
A Paraíba indígena se lava!

A manga, a ameixa, a amêndoa, a abóbora, o álamo
E a câmara odorífera dos sumos
Absorvem diariamente o ubérrimo húmus
Que Deus espalha à beira do teu tálamo!

Nos de teu curso desobstruídos trilhos,
Apenas eu compreendo, em quaisquer horas,
O hidrogênio e o oxigênio que tu choras
Pelo falecimento dos teus filhos!

Ah! Somente eu compreendo, satisfeito,
A incógnita psique das massas mortas
Que dormem, como as ervas, sobre as hortas,
Na esteira igualitária do teu leito!

O vento continuava sem cansaço
E enchia com a fluidez do eólico hissope
Em seu fantasmagórico galope
A abundância geométrica do espaço.

Meu ser estacionava, olhando os campos
Circunjacentes. No Alto, os astros miúdos

Reduziam os Céus sérios e rudes
A uma epiderme cheia de sarampos!

III

Dormia em baixo, com a promíscua véstia
No embotamento crasso dos sentidos,
A comunhão dos homens reunidos
Pela camaradagem da moléstia.

Feriam-me o nervo óptico e a retina
Aponevroses e tendões de Aquiles,
Restos repugnantíssimos de bílis,
Vômitos impregnados de ptialina.

Da degenerescência étnica do Ária
Se escapava, entre estrépitos e estouros,
Reboando pelos séculos vindouros,
O ruído de uma tosse hereditária.

Oh! Desespero das pessoas tísicas,
Adivinhando o frio que há nas lousas,
Maior felicidade é a destas cousas
Submetidas apenas às leis físicas!

Estas, por mais que os cardos grandes rocem
Seus corpos brutos, dores não recebem;
Estas dos bacalhaus o óleo não bebem,
Estas não cospem sangue, estas não tossem!

Descender dos macacos catarríneos.
Cair doente e passar a vida inteira
Com a boca junto de uma escarradeira,
Pintando o chão de coágulos sanguíneos!

Sentir, adstritos ao quimiotropismo
Erótico, os micróbios assanhados

Passearem, como inúmeros soldados,
Nas cancerosidades do organismo!

Falar somente uma linguagem rouca,
Um português cansado e incompreensível,
Vomitar o pulmão na noite horrível
Em que se deita sangue pela boca!

Expulsar, aos bocados, a existência
Numa bacia autômata de barro,
Alucinado, vendo em cada escarro
O retrato da própria consciência!

Querer dizer a angústia de que é pábulo,
E com a respiração já muito fraca
Sentir como que a ponta de uma faca,
Cortando as raízes do último vocábulo!

Não haver terapêutica que arranque
Tanta opressão como se, com efeito,
Lhe houvessem sacudido sobre o peito
A máquina pneumática de Bianchi!

E o ar fugindo e a Morte a arca da tumba
A erguer, como um cronômetro gigante,
Marcando a transição emocionante
Do lar materno para a catacumba!

Mas vos não lamenteis, magras mulheres,
Nos ardores danados da febre hética,
Consagrando vossa última fonética
A uma recitação de misereres.

Antes levardes ainda uma quimera
Para a garganta omnívora das lajes
Do que morrerdes, hoje, urrando ultrajes
Contra a dissolução que vos espera!

Porque a morte, resfriando-vos o rosto,
Consoante a minha concepção vesânica,
E a alfândega, onde toda a vida orgânica
Há de pagar um dia o último imposto!

IV

Começara a chover. Pelas algentes
Ruas, a água, em cachoeiras desobstruídas,
Encharcava os buracos das feridas,
Alagava a medula dos Doentes!

Do fundo do meu trágico destino,
Onde a Resignação os braços cruza,
Saía, com o vexame de uma fusa,
A mágoa gaguejada de um cretino.

Aquele ruído obscuro de gagueira
Que à noite, em sonhos mórbidos, me acorda,
Vinha da vibração bruta da corda
Mais recôndita da alma brasileira!

Aturdia-me a tétrica miragem
De que, naquele instante, no Amazonas,
Fedia, entregue a vísceras glutonas,
A carcaça esquecida de um selvagem.

A civilização entrou na taba
Em que ele estava. O gênio de Colombo
Manchou de opróbrios a alma do *mazombo,*
Cuspiu na cova do *morubixaba!*

E o índio, por fim, adstrito à étnica escória,
Recebeu, tendo o horror no rosto impresso,
Esse achincalhamento do progresso
Que o anulava na crítica da História!

Como quem analisa um apostema,
De repente, acordando na desgraça,
Viu toda a podridão de sua raça
Na tumba de Iracema!

Ah! Tudo, como um lúgubre ciclone,
Exercia sobre ele ação funesta
Desde o desbravamento da floresta
A ultrajante invenção do telefone.

E sentia-se pior que um vagabundo
Microcéfalo vil que a espécie encerra
Desterrado na sua própria terra,
Diminuído na crônica do mundo!

A hereditariedade dessa pecha
Seguiria seus filhos. Dora em diante
Seu povo tombaria agonizante
Na luta da espingarda com a flecha!

Velo-lhe então como à fêmea veem antojos,
Uma desesperada ânsia improfícua
De estrangular aquela gente iníqua
Que progredia sobre os seus despojos!

Mas, diante a xantocroide raça loura,
Jazem, caladas, todas as inúbias,
E agora, sem difíceis nuanças dúbias,
Com uma clarividência aterradora,

Em vez da prisca tribo e indiana tropa
A gente deste século, espantada,
Vê somente a caveira abandonada
De uma raça esmagada pela Europa!

V

Era a hora em que arrastados pelos ventos,
Os fantasmas hamléticos dispersos
Atiram na consciência dos perversos
A sombra dos remorsos famulentos.

As mães sem coração rogavam pragas
Aos filhos bons. E eu, roído pelos medos,
Batia com o pentágono dos dedos
Sobre um fundo hipotético de chagas!

Diabólica dinâmica daninha
Oprimia meu cérebro indefeso
Com a força onerosíssima de um peso
Que eu não sabia mesmo de onde vinha.

Perfurava-me o peito a áspera pua
Do desânimo negro que me prostra,
E quase a todos os momentos mostra
Minha caveira aos bêbedos da rua.

Hereditariedades políticas
Punham na minha boca putrescível
Interjeições de abracadabra horrível
E os verbos indignados das Filípicas.

Todos os vocativos dos blasfemos,
No horror daquela noite monstruosa,
Maldiziam, com voz estentorosa,
A peçonha inicial de onde nascemos.

Como que havia na ânsia de conforto
De cada ser, ex.: o homem e o ofídio,
Uma necessidade de suicídio
E um desejo incoercível de ser morto!

Naquela angústia absurda e tragicômica
Eu chorava, rolando sobre o lixo,
Com a contorção neurótica de um bicho
Que ingeriu 30 gramas de *nux-vomica*.

E, como um homem doido que se enforca,
Tentava, na terráquea superfície,
Consubstanciar-me todo com a imundície,
Confundir-me com aquela coisa porca!

Vinha, às vezes, porém, o anelo instável
De, com o auxílio especial do osso masséter
Mastigando homeomérias neutras de éter
Nutrir-me da matéria imponderável.

Anelava ficar um dia, em suma,
Menor que o anfióxus e inferior à tênia,
Reduzido à plastídula homogênea,
Sem diferenciação de espécie alguma.

Era (nem sei em síntese o que diga)
Um velhíssimo instinto atávico, era
A saudade inconsciente da monera
Que havia sido minha mãe antiga!

Com o horror tradicional da raiva corsa
Minha vontade era, perante a cova,
Arrancar do meu próprio corpo a prova
Da persistência trágica da força.

A pragmática má de humanos usos
Não compreende que a Morte que não dorme
É a absorção do movimento enorme
Na dispersão dos átomos difusos.

Não me incomoda esse último abandono.
Se a carne individual hoje apodrece,

Amanhã, como Cristo, reaparece
Na universalidade do carbono!

A vida vem do éter que se condensa,
Mas o que mais no Cosmos me entusiasma
É a esfera microscópica do plasma
Fazer a luz do cérebro que pensa.

Eu voltarei, cansado da árdua liça,
À substância inorgânica primeva,
De onde, por epigênesis, veio Eva
E a *stirpe radiolar* chamada *Actissa!*

Quando eu for misturar-me com as violetas,
Minha lira, maior que a *Bíblia* e a *Fedra,*
Reviverá, dando emoção à pedra,
Na acústica de todos os planetas!

VI

À álgida agulha, agora, alva, a saraiva
Caindo, análoga era... Um cão agora
Punha a atra língua hidrófoba de fora
Em contrações miológicas de raiva.

Mas, para além, entre oscilantes chamas,
Acordavam os bairros da luxúria.
As prostitutas, doentes de hematúria,
Se extenuavam nas camas.

Uma, ignóbil, derreada de cansaço,
Quase que escangalhada pelo vício,
Cheirava com prazer no sacrifício
A lepra má que lhe roía o braço!

E ensanguentava os dedos da mão nívea
Com o sentimento gasto e a emoção pobre,

Nessa alegria bárbara que cobre
Os saracoteamentos da lascívia.

De certo, a perversão de que era presa
O *sensorium* daquela prostituta
Vinha da adaptação quase absoluta
À ambiência microbiana da baixeza!

Entanto, virgem fostes, e, quando o éreis,
Não tínheis ainda essa erupção cutânea,
Nem tínheis, vítima última da insânia,
Duas mamárias glândulas estéreis!

Ah! Certamente, não havia ainda
Rompido, com violência, no horizonte,
O sol malvado que secou a fonte
De vossa castidade agora finda!

Talvez tivésseis fome, e as mãos, embalde,
Estendestes ao mundo, até que, à toa,
Fostes vender a virginal coroa
Ao primeiro bandido do arrabalde.

E estais velha! — De vós o mundo é farto,
E hoje, que a sociedade vos enxota,
Somente as bruxas negras da derrota
Frequentam diariamente vosso quarto!

Prometem-vos (quem sabe?!) entre os ciprestes
Longe da mancebia dos alcouces,
Nas quietudes nirvânicas mais doces,
O noivado que em vida não tivestes!

VII

Quase todos os lutos conjugados,
Como uma associação de monopólio,

Lançavam pinceladas pretas de óleo
Na arquitetura arcaica dos sobrados.

Dentro da noite funda um braço humano
Parecia cavar ao longe um poço
Para enterrar minha ilusão de moço,
Como a boca de um poço artesiano!

Atabalhoadamente pelos becos,
Eu pensava nas coisas que perecem,
Desde as musculaturas que apodrecem
À ruína vegetal dos lírios secos.

Cismava no propósito funéreo
Da mosca debochada que fareja
O defunto, no chão frio da igreja,
E vai depois levá-lo ao cemitério!

E esfregando as mãos magras, eu, inquieto,
Sentia, na craniana caixa tosca,
A racionalidade dessa mosca,
A consciência terrível desse inseto!

Regougando, porém, *argots* e *aljâmias*,
Como quem nada encontra que o perturbe,
A energúmena grei dos ébrios da urbe
Festejava seu sábado de infâmias.

A estática fatal das paixões cegas,
Rugindo fundamente nos neurônios,
Puxava aquele povo de demônios
Para a promiscuidade das adegas.

E a ébria turba que escaras sujas masca,
À falta idiossincrásica de escrúpulo,
Absorvia com gáudio absinto, lúpulo
E outras substâncias tóxicas da tasca.

O ar ambiente cheirava a ácido acético,
Mas, de repente, com o ar de quem empesta,
Apareceu, escorraçando a festa,
A mandíbula inchada de um morfético!

Saliências polimórficas vermelhas,
Em cujo aspecto o olhar perspícuo prendo,
Punham-lhe num destaque horrendo o horrendo
Tamanho aberratório das orelhas.

O fácies do morfético assombrava!
— Aquilo era uma negra eucaristia,
Onde minh'alma inteira surpreendia
A Humanidade que se lamentava!

Era todo o meu sonho, assim, inchado,
Já podre, que a morfeia miserável
Tornava às impressões tactis, palpável,
Como se fosse um corpo organizado!

VIII

Em torno a mim, nesta hora, estriges voam,
E o cemitério, em que eu entrei adrede,
Dá-me a impressão de um *boulevard* que fede
Pela degradação dos que o povoam.

Quanta gente, roubada à humana coorte,
Morre de fome, sobre a palha espessa,
Sem ter, como Ugolino, uma cabeça
Que possa mastigar na hora da morte;

E nua, após baixar ao caos budista,
Vem para aqui, nos braços de um canalha,
Porque o madapolão para a mortalha
Custa 1$200 ao lojista!

Que resta das cabeças que pensaram?!
E afundado nos sonhos mais nefastos,
Ao pegar num milhão de miolos gastos,
Todos os meus cabelos se arrepiaram.

Os evolucionismos benfeitores
Que por entre os cadáveres caminham,
Iguais a irmãs de caridade, vinham
Com a podridão dar de comer às flores!

Os defuntos então me ofereciam
Com as articulações das mãos inermes,
Num prato de hospital, cheio de vermes,
Todos os animais que apodreciam!

É possível que o estômago se afoite
(Muito embora contra isto a alma se irrite)
A cevar o antropófago apetite,
Comendo carne humana, à meia-noite!

Com uma ilimitadíssima tristeza,
Na impaciência do estômago vazio,
Eu devorava aquele bolo frio
Feito das podridões da Natureza!

E hirto, a camisa suada, a alma aos arrancos,
Vendo passar com as túnicas obscuras,
As escaveiradíssimas figuras
Das negras desonradas pelos brancos;

Pisando, como quem salta, entre fardos,
Nos corpos nus das moças hotentotes
Entregues, ao clarão de alguns archotes,
À sodomia indigna dos moscardos;

Eu maldizia o deus de mãos nefandas
Que, transgredindo a igualitária regra

Da Natureza, atira a raça negra
Ao contubérnio diário das quitandas!

Na evolução de minha dor grotesca,
Eu mendigava aos vermes insubmissos
Como indenização dos meus serviços,
O benefício de uma cova fresca.

Manhã. E eis-me a absorver a luz de fora,
Como o íncola do polo ártico, às vezes,
Absorve, após a noite de seis meses,
Os raios caloríficos da aurora.

Nunca mais as goteiras cairiam
Como propositais setas malvadas,
No frio matador das madrugadas,
Por sobre o coração dos que sofriam?

Do meu cérebro à absconsa tábua rasa
Vinha a luz restituir o antigo crédito,
Proporcionando-me o prazer inédito,
De quem possui um sol dentro de casa.

Era a volúpia fúnebre que os ossos
Me inspiravam, trazendo-me ao sol claro,
A apreensão fisiológica do faro
O odor cadaveroso dos destroços!

IX

O inventário do que eu já tinha sido
Espantava. Restavam só de Augusto
A forma de um mamífero vetusto
E a cerebralidade de um vencido!

O gênio procriador da espécie eterna
Que me fizera, em vez de hiena ou lagarta,

Uma sobrevivência de Sidarta,
Dentro da filogênese moderna;

E arrancara milhares de existências
Do ovário ignóbil de uma fauna imunda,
Ia arrastando agora a alma infecunda
Na mais triste de todas as falências.

Um céu calamitoso de vingança
Desagregava, déspota e sem normas,
O adesionismo biôntico das formas
Multiplicadas pela lei da herança!

A ruína vinha horrenda e deletéria
Do subsolo infeliz, vinha de dentro
Da matéria em fusão que ainda há no centro,
Para alcançar depois a periferia!

Contra a Arte, oh! Morte, em vão teu ódio exerces!
Mas, a meu ver, os sáxeos prédios tortos
Tinham aspectos de edifícios mortos
Decompondo-se desde os alicerces!

A doença era geral, tudo a extenuar-se
Estava. O Espaço abstracto que não morre
Cansara... O ar que, em colônias fluidas, corre,
Parecia também desagregar-se!

Os pródromos de um tétano medonho
Repuxavam-me o rosto... Hirto de espanto,
Eu sentia nascer-me n'alma, entanto,
O começo magnífico de um sonho!

Entre as formas decrépitas do povo,
Já batiam por cima dos estragos
A sensação e os movimentos vagos
Da célula inicial de um Cosmos novo!

O letargo larvário da cidade Crescia.
Igual a um parto, numa furna,
Vinha da original treva noturna,
O vagido de uma outra Humanidade!

E eu, com os pés atolados no Nirvana,
Acompanhava, com um prazer secreto,
A gestação daquele grande feto,
Que vinha substituir a Espécie Humana!

Asa de corvo

Asa de corvos carniceiros, asa
De mau agouro que, nos doze meses,
Cobre às vezes o espaço e cobre às vezes
O telhado de nossa própria casa...

Perseguido por todos os reveses,
É meu destino viver junto a essa asa,
Como a cinza que vive junto à brasa,
Como os Goncourts, como os irmãos siameses!

É com essa asa que eu faço este soneto
E a indústria humana faz o pano preto
Que as famílias de luto martiriza...

É ainda com essa asa extraordinária
Que a Morte — a costureira funerária —
Cose para o homem a última camisa!

Uma noite no Cairo

Noite no Egito. O céu claro e profundo
Fulgura. A rua é triste. A Lua Cheia
Está sinistra, e sobre a paz do mundo
A alma dos Faraós anda e vagueia.

Os mastins negros vão ladrando à lua...
O Cairo é de uma formosura arcaica.
No ângulo mais recôndito da rua
Passa cantando uma mulher, hebraica.

O Egito é sempre assim quando anoitece!
Às vezes, das pirâmides o quedo
E atro perfil, exposto ao luar, parece
Uma sombria interjeição de medo!

Como um contraste àqueles misereres,
Num quiosque em festa alegre turba grita,
E dentro dançam homens e mulheres
Numa aglomeração cosmopolita.

Tonto do vinho, um saltimbanco da Ásia,
Convulso e roto, no apogeu da fúria,
Executando evoluções de *razzia*
Solta um brado epiléptico, de injúria!

Em derredor duma ampla mesa preta
— Última nota do conúbio infando —
Veem-se dez jogadores de roleta
Fumando, discutindo, conversando.

Resplandece a celeste superfície.
Dorme soturna a natureza sábia...
Em baixo, na mais próxima planície,
Pasta um cavalo esplêndido da Arábia.

Vaga no espaço um silfo solitário.
Troam *kinnors!* Depois tudo é tranquilo...
Apenas como um velho stradivário,
Soluça toda a noite a água do Nilo!

O MARTÍRIO DO ARTISTA

Arte ingrata! E conquanto, em desalento,
A órbita elipsoidal dos olhos lhe arda,
Busca exteriorizar o pensamento
Que em suas fronetais células guarda!

Tarda-lhe a Ideia! A inspiração lhe tarda!
E ei-lo a tremer, rasga o papel, violento,
Como o soldado que rasgou a farda
No desespero do último momento!

Tenta chorar e os olhos sente enxutos!...
É como o paralítico que, à mingua
Da própria voz, e na que ardente o lavra

Febre de em vão falar, com os dedos brutos
Para falar, puxa e repuxa a língua,
E não lhe vem à boca uma palavra!

DUAS ESTROFES

(À memória de João de Deus)

Ahi! ciechi! il tanto affaticar che giova?
Tutti torniamo alla gran madre antica
E il nostro nome appena si ritrova.

Petrarca

A queda do teu lírico arrabil
De um sentimento português ignoto
Lembra Lisboa, bela como um brinco,
Que um dia no ano trágico de mil
E setecentos e cinquenta e cinco,
Foi abalada por um terremoto!

A água quieta do Tejo te abençoa.
Tu representas toda essa Lisboa
De glórias quase sobrenaturais,
Apenas com uma diferença triste,
Com a diferença que Lisboa existe
E tu, amigo, não existes mais!

O MAR, A ESCADA E O HOMEM

"Olha agora, mamífero inferior,
"À luz da epicurista *ataraxia*,
"O fracasso de tua geografia
"E de teu escafandro esmiuçador!

"Ah! jamais saberás ser superior,
"Homem, a mim, conquanto ainda hoje em dia,
"Com a ampla hélice auxiliar com que outrora ia
"Voando ao vento o vastíssimo vapor,

"Rasgue a água hórrida a nau árdega e singre-me!"
E a verticalidade da Escada íngreme:
"Homem, já transpuseste os meus degraus?!"

E Augusto, o Hércules, o Homem, aos soluços,
Ouvindo a Escada e o Mar, caiu de bruços
No pandemônio aterrador do Caos!

DECADÊNCIA

Iguais às linhas perpendiculares
Caíram, como cruéis e hórridas; hastas,
Nas suas 33 vértebras gastas
Quase todas as pedras tumulares!

A frialdade dos círculos polares,
Em sucessivas atuações nefastas,

Penetrara-lhe os próprios neuroplastas,
Estragara-lhe os centros medulares!

Como quem quebra o objeto mais querido
E começa a apanhar piedosamente
Todas as microscópicas; partículas,

Ele hoje vê que, após tudo perdido,
Só lhe restam agora o último dente
E a armação funerária das clavículas!

Ricordanza della mia gioventú

A minha ama de leite Guilhermina
Furtava as moedas que o Doutor me dava.
Sinhá-Mocinha, minha Mãe, ralhava...
Via naquilo a minha própria ruína!

Minha ama, então, hipócrita, afetava
Susceptibilidades de menina:
"— Não, não fora ela! —" E maldizia a sina,
Que ela absolutamente não furtava.

Vejo, entretanto, agora, em minha cama,
Que a mim somente cabe o furto feito...
Tu só furtaste a moeda, o oito, que brilha...

Furtaste a moeda só, mas eu, minha ama,
Eu furtei mais, porque furtei o peito
Que dava leite para a tua filha!

A um mascarado

Rasga essa máscara ótima de seda
E atira-a à arca ancestral dos palimpsestos...

É noite, e, à noite, a escândalos e incestos
É natural que o instinto humano aceda!

Sem que te arranquem da garganta queda
A interjeição danada dos protestos,
Hás de engolir, igual a um porco, os restos
Duma comida horrivelmente azeda!

A sucessão de hebdômadas medonhas
Reduzirá os mundos que tu sonhas
Ao microcosmos do ovo primitivo...

E tu mesmo, após a árdua e atra refrega,
Terás somente uma vontade cega
E uma tendência obscura de ser vivo!

Vozes de um túmulo

Morri! E a Terra — a mãe comum — o brilho
Destes meus olhos apagou!... Assim
Tântalo, aos reais convivas, num festim,
Serviu as carnes do seu próprio filho!

Por que para este cemitério vim?!
Por quê?! Antes da vida o angusto trilho
Palmilhasse, do que este que palmilho
E que me assombra, porque não tem fim!

No ardor do sonho que o fronema exalta
Construí de orgulho ênea pirâmide alta...
Hoje, porém, que se desmoronou

A pirâmide real do meu orgulho,
Hoje que apenas sou matéria e entulho
Tenho consciência de que nada sou!

Contrastes

A antítese do novo e do obsoleto,
O Amor e a Paz, o ódio e a Carnificina,
O que o homem ama e o que o homem abomina,
Tudo convém para o homem ser completo!

O ângulo obtuso, pois, e o ângulo reto,
Uma feição humana e outra divina
São como a eximenina e a endimenina
Que servem ambas para o mesmo feto!

Eu sei tudo isto mais do que o Eclesiastes!
Por justaposição destes; contrastes,
Junta-se um hemisfério a outro hemisfério,

As alegrias juntam-se as tristezas,
E o carpinteiro que fabrica as mesas
Faz também os caixões do cemitério!...

Gemidos de arte

I

Esta desilusão que me acabrunha
É mais traidora do que o foi Pilatos!...
Por causa disto, eu vivo pelos matos,
Magro, roendo a substância córnea da unha.

Tenho estremecimentos indecisos
E sinto, haurindo o tépido ar sereno,
O mesmo assombro que sentiu Parfeno
Quando arrancou os olhos de Dionisos!

Em giro e em redemoinho em mim caminham
Ríspidas mágoas estranguladoras,

Tais quais, nos fortes fulcros, as tesouras
Brônzeas, também giram e redemoinham.

Os pães — filhos legítimos dos trigos —
Nutrem a geração do ódio e da Guerra...
Os cachorros anônimos da terra
São talvez os meus únicos amigos!

Ah! Por que desgraçada contingência
A híspida aresta sáxea áspera e abrupta
Da rocha brava, numa ininterrupta
Adesão, não prendi minha existência?!

Por que Jeová, maior do que Laplace,
Não fez cair o túmulo de Plínio
Por sobre todo o meu raciocínio
Para que eu nunca mais raciocinasse?!

Pois minha Mãe tão cheia assim daqueles
Carinhos, com que guarda meus sapatos,
Por que me deu consciência dos meus atos
Para eu me arrepender de todos eles?!

Quisera, antes, mordendo glabros talos,
Nabucodonosor ser no Pau d'Arco,
Beber a acre e estagnada água do charco,
Dormir na manjedoura com os cavalos!

Mas a carne é que é humana! A alma é divina.
Dorme num leito de feridas, goza
O lodo, apalpa a úlcera cancerosa,
Beija a peçonha, e não se contamina!

Ser homem! Escapar de ser aborto!
Sair de um ventre inchado que se anoja,
Comprar vestidos pretos numa loja
E andar de luto pelo pai que é morto!

E por trezentos e sessenta dias
Trabalhar e comer! Martírios juntos!
Alimentar-se dos irmãos defuntos,
Chupar os ossos das alimarias!

Barulho de mandíbulas e abdômens!
E vem-me com um desprezo por tudo isto
Uma vontade absurda de ser Cristo
Para sacrificar-me pelos homens!

Soberano desejo! Soberana
Ambição de construir para o homem uma
Região, onde não cuspa língua alguma
O óleo rançoso da saliva humana!

Uma região sem nódoas e sem lixos,
Subtraída à hediondez de ínfimo casco,
Onde a forca feroz coma o carrasco
E o olho do estuprador se encha de bichos!

Outras constelações e outros espaços
Em que, no agudo grau da última crise,
O braço do ladrão se paralise
E a mão da meretriz caia aos pedaços!

II

O sol agora é de um fulgor compacto,
E eu vou andando, cheio de chamusco,
Com a flexibilidade de um molusco,
Úmido, pegajoso e untuoso ao tato!

Reúnam-se em rebelião ardente e acesa
Todas as minhas forças emotivas
E armem ciladas como cobras vivas
Para despedaçar minha tristeza!

O sol de cima espiando a flora moça
Arda, fustigue, queime, corte, morda!
Deleito a vista na verdura gorda
Que nas hastes delgadas se balouça!

Avisto o vulto das sombrias granjas
Perdidas no alto... Nos terrenos baixos,
Das laranjeiras eu admiro os cachos
E a ampla circunferência das laranjas.

Ladra furiosa a tribo dos podengos.
Olhando para as pútridas charnecas
Grita o exército avulso das marrecas;
Na úmida copa dos bambus verdoengos.

Um pássaro alvo artífice da teia
De um ninho, salta, no árdego trabalho,
De árvore em árvore e de galho em galho,
Com a rapidez duma semicolcheia.

Em grandes semicírculos aduncos,
Entrançados, pelo ar, largando pelos,
Voam à similhança de cabelos
Os chicotes finíssimos dos juncos.

Os ventos vagabundos batem, bolem
Nas árvores. O ar cheira. A terra cheira
E a alma dos vegetais rebenta inteira
De todos os corpúsculos do pólen.

A câmara nupcial de cada ovário
Se abre. No chão coleia a lagartixa.
Por toda a parte a seiva bruta esguicha
Num extravasamento involuntário.

Eu, depois de morrer, depois de tanta
Tristeza, quero, em vez do nome — *Augusto,*

Possuir aí o nome dum arbusto
Qualquer ou de qualquer obscura planta!

III

Pelo acidentadíssimo, caminho
Faísca o sol. Nédios, batendo a cauda,
Urram os bois. O céu lembra uma lauda
Do mais incorruptível pergaminho.

Uma atmosfera má de incômoda hulha,
Abafa o ambiente. O aziago ar morto a morte
Fede. O ardente calor da areia forte
Racha-me os pés como se fosse agulha.

Não sei que subterrânea e atra voz rouca,
Por saibros e por cem côncavos vales,
Como pela avenida das Mappales,
Me arrasta à casa do finado *Tôca!*

Todas as tardes a esta casa venho.
Aqui, outrora, sem conchego nobre,
Viveu, sentiu e amou este homem pobre
Que carregava canas para o engenho!

Nos outros tempos e nas outras eras,
Quantas flores! Agora, em vez de flores,
Os musgos, como exóticos pintores,
Pintam caretas verdes nas taperas.

Na bruta dispersão de vítreos cacos,
À dura luz do sol resplandecente,
Trôpega e antiga, uma parede doente
Mostra a cara medonha dos buracos.

O cupim negro broca o âmago fino
Do tecto. E traça trombas de elefantes

Com as circunvoluções, extravagantes
Do seu complicadíssimo intestino.

O lodo obscuro trepa-se nas Portas.
Amontoadas em grossos feixes rijos,
As lagartixas dos esconderijos
Estão olhando aquelas coisas mortas!

Fico a pensar no Espírito disperso
Que, unindo a pedra ao *gneiss* e a árvore à criança,
Como um anel enorme de aliança,
Une todas as coisas do Universo!

E assim pensando, com a cabeça em brasas
Ante a fatalidade que me oprime,
Julgo ver este Espírito sublime,
Chamando-me do sol com as suas asas!

Gosto do sol ignívomo, e iracundo
Como o réptil gosta quando se molha
E na atra escuridão dos ares, olha
Melancolicamente para o mundo!

Essa alegria imaterializada,
Que por vezes me absorve, é o óbolo obscuro,
É o pedaço já podre de pão duro
Que o miserável recebeu na estrada!

Não são os cinco mil milhões de francos
Que a Alemanha pediu a Jules Favre...
É o dinheiro coberto de azinhavre
Que o escravo ganha, trabalhando aos brancos!

Seja este sol meu último consolo;
E o espírito infeliz; que em mim se encarna
Se alegre ao sol, como quem raspa a sarna,
Só com a misericórdia de um tijolo!...

Tudo enfim a mesma órbita percorre
E as bocas vão beber o mesmo leite.
A lamparina quando falta o azeite
Morre, da mesma forma que o homem morre.

Súbito, arrebentando a horrenda calma,
Grito, e se grito é para que meu grito
Seja a revelação deste Infinito
Que eu trago encarcerado na minh'alma!

Sol brasileiro! Queima-me os destroços!
Quero assistir, aqui, sem pai que me ame,
De pé, à luz da consciência infame,
À carbonização dos próprios ossos!

Pau d'Arco, 4-5-1907.

Versos de amor

A um poeta erótico

Parece muito doce aquela cana.
Descasco-a, provo-a, chupo-a... ilusão treda!
O amor, poeta, é como a cana azeda,
A toda a boca que o não prova engana.

Quis saber que era o amor, por experiência,
E hoje que, enfim, conheço o seu conteúdo,
Pudera eu ter, eu que idolatro o estudo,
Todas as ciências menos esta ciência!

Certo, este o amor não é que, em ânsias, amo
Mas certo, o egoísta amor este é que acinte
Amas, oposto a mim. Por conseguinte
Chamas amor aquilo que eu não chamo.

Oposto ideal ao meu ideal conservas.
Diverso é, pois, o ponto outro de vista
Consoante o qual, observo o amor, do egoísta
Modo de ver, consoante o qual, o observas.

Porque o amor, tal como eu o estou amando,
É Espírito, é éter, é substância fluida,
É assim como o ar que a gente pega e cuida,
Cuida, entretanto, não o estar pegando!

É a transubstanciação de instintos rudes,
Imponderabilíssima e impalpável,
Que anda acima da carne miserável
Como anda a garça acima dos açudes!

Para reproduzir tal sentimento
Daqui por diante, atenta a orelha cauta,
Como Marsias — o inventor da flauta —
Vou inventar também outro instrumento!

Mas de tal arte e espécie tal fazê-lo
Ambiciono, que o idioma em que te eu falo
Possam todas as línguas decliná-lo
Possam todos os homens compreendê-lo

Para que, enfim, chegando à última calma
Meu podre coração roto não role,
Integralmente desfibrado e mole,
Como um saco vazio dentro d'alma!

Pau d'Arco, agosto, 1907.

I

A meu pai doente

Para onde fores, Pai, para onde fores,
Irei também, trilhando as mesmas ruas.
Tu, para amenizar as dores tuas,
Eu, para amenizar as minhas dores!

Que cousa triste! O campo tão sem flores,
E eu tão sem crença e as árvores tão nuas
E tu, gemendo, e o horror de nossas duas
Mágoas crescendo e se fazendo horrores!

Magoaram-te, meu Pai?! Que mão sombria,
Indiferente aos mil tormentos teus
De assim magoar-te sem pesar havia?!

— Seria a mão de Deus?! Mas Deus enfim
É bom, é justo, e sendo justo, Deus,
Deus não havia de magoar-te assim!

II

A meu pai morto

Madrugada de Treze de janeiro.
Rezo, sonhando, o ofício da agonia.
Meu Pai nessa hora junto a mim morria
Sem um gemido, assim como um cordeiro!

E eu nem lhe ouvi o alento derradeiro!
Quando acordei, cuidei que ele dormia,
E disse à minha Mãe que me dizia:
"Acorda-o"! Deixa-o, Mãe, dormir primeiro!

E saí para ver a Natureza!
Em tudo o mesmo abismo de beleza,
Nem uma névoa no estrelado véu.

Mas pareceu-me, entre as estrelas flóreas,
Como Elias, num carro azul de glórias,
Ver a alma de meu Pai subindo ao Céu!

III

Podre meu Pai! A Morte o olhar lhe vidra.
Em seus lábios que os meus lábios osculam
Micro-organismos; fúnebres pupulam
Numa fermentação gorda de cidra.

Duras leis as que os homens e, a hórrida hidra
A uma só lei biológica vinculam,
E a marcha das moléculas regulam,
Com a invariabilidade da clepsidra!...

Podre meu Pai! E a mão que enchi de beijos
Roída toda de bichos, como os queijos
Sobre a mesa de orgíacos festins!...

Amo meu Pai na atômica desordem
Entre as bocas necrófagas que o mordem
E a terra infecta que lhe cobre os rins!

Depois da orgia

O prazer que na orgia a hetaíra goza
Produz no meu *sensorium* de bacante
O efeito de uma túnica brilhante
Cobrindo ampla apostema escrofulosa!

Troveja! E anelo ter, sôfrega e ansiosa,
O sistema nervoso de um gigante

Para sofrer na minha carne estuante
A dor da força cósmica furiosa.

Apraz-me, enfim, despindo a última alfaia
Que ao comércio dos homens me traz presa,
Livre deste cadeado de peçonha,

Semelhante a um cachorro de atalaia
Às decomposições da Natureza,
Ficar latindo minha dor medonha!

A Árvore da Serra

— As árvores, meu filho, não têm, alma!
E esta árvore me serve de empecilho.
É preciso cortá-la, pois, meu filho,
Para que eu tenha uma velhice calma!

Meu pai, por que sua ira não se acalma?!
Não vê que em tudo existe o mesmo brilho?!
Deus pôs almas nos cedros... no junquilho.
Esta árvore, meu pai, possui minh'alma!

— Disse — e ajoelhou-se, numa rogativa:
"Não mate a árvore, pai, para que eu viva!"
E quando a árvore, olhando a pátria serra,

Caiu aos golpes do machado bronco,
O moço triste se abraçou com o tronco
E nunca mais se levantou da terra!

Vencido

No auge de atordoadora e ávida sanha
Leu tudo, desde o mais prístino mito,

Por exemplo: o do boi Ápis do Egito
Ao velho Niebelungen da Alemanha.

Acometido de uma febre estranha
Sem o escândalo fônico de um grito,
Mergulhou a cabeça no Infinito,
Arrancou os cabelos na montanha!

Desceu depois à gleba mais bastarda,
Pondo a áurea insígnia heráldica da farda
À vontade do vômito plebeu...

E ao vir-lhe o cuspo diário à boca fria
O vencido pensava que cuspia
Na célula infeliz de onde nasceu.

Paraíba, 1909.

O corrupião

Escaveirado corrupião idiota,
Olha a atmosfera livre, o amplo éter belo,
E a alga criptógama e a úsnea e o cogumelo,
Que do fundo do chão todo o ano brota!

Mas a ânsia de alto voar, de à antiga rota
Voar, não tens mais! E pois, preto e amarelo,
Pões-te a assobiar, bruto, sem cerebelo
A gargalhada da última derrota!

A gaiola aboliu tua vontade.
Tu nunca mais verás a liberdade!
Ah! Tu somente ainda és igual a mim.

Continua a comer teu milho alpiste.
Foi este mundo que me fez tão triste,
Foi a gaiola que te pôs assim!

Noite de um visionário

Número cento e três. Rua Direita.
Eu tinha a sensação de quem se esfola
E inopinadamente o corpo atola
Numa poça de carne liquefeita!

— "Que esta alucinação táctil não cresça!"
— Dizia; e erguia, oh! céu, alto, por ver-vos,
Com a rebeldia acérrima dos nervos
Minha atormentadíssima cabeça.

É a potencialidade que me eleva
Ao grande Deus, e absorve em cada viagem
Minh'alma — este sombrio personagem
Do drama panteístico da treva!

Depois de dezesseis anos de estudo
Generalizações grandes e ousadas
Traziam minhas forças concentradas
Na compreensão monística de tudo.

Mas a aguadilha pútrida o ombro inerme
Me aspergia, banhava minhas tíbias,
E a ela se aliava o ardor das sirtes líbias,
Cortando o melanismo da epiderme.

Arimânico gênio destrutivo
Desconjuntava minha autônoma alma
Esbandalhando essa unidade calma,
Que forma a coerência do ser vivo.

E eu saí a tremer com a língua grossa
E a volição no cúmulo do exício,
Como quem é levado para o hospício
Aos trambolhões, num canto de carroça!

Perante o inexorável céu aceso
Agregações abióticas espúrias,
Como uma cara, recebendo injúrias,
Recebiam os cuspos do desprezo.

A essa hora, nas telúricas reservas,
O reino mineral americano
Dormia, sob os pés do orgulho humano,
E a cimalha minúscula das ervas.

E não haver quem, íntegra, lhe entregue,
Com os ligamentos glóticos precisos,
A liberdade de vingar em risos
A angústia milenária que o persegue!

Bolia nos obscuros labirintos
Da fértil terra gorda, úmida e fresca,
A ínfima fauna abscôndita e grotesca
Da família bastarda dos helmintos.

As vegetalidades subalternas
Que os serenos noturnos orvalhavam,
Pela alta frieza intrínseca, lembravam
Toalhas molhadas sobre as minhas pernas.

E no estrume fresquíssimo da gleba
Formigavam, com a símplice sarcode,
O vibrião, o ancilóstomo, o colpode
E outros irmãos legítimos da ameba!

E todas essas formas que Deus lança
No Cosmos, me pediam, com o ar horrível,
Um pedaço de língua disponível
Para a filogenética vingança!

A cidade exalava um podre báfio:
Os anúncios das casas de comércio,

Mais tristes que as elégias de Propércio,
Pareciam talvez meu epitáfio.

O motor teleológico da Vida
Parara! Agora, em diástoles de guerra,
Vinha do coração quente da terra
Um rumor de matéria dissolvida.

A química feroz do cemitério
Transformava porções de átomos juntos
No óleo malsão que escorre dos defuntos,
Com a abundância de um *geyser* deletério.

Dedos denunciadores escreviam
Na lúgubre extensão da rua preta
Todo o destino negro do planeta,
Onde minhas moléculas sofriam.

Um necrófilo mau forçava as lousas
E eu — coetâneo do horrendo cataclismo —
Era puxado para aquele, abismo
No rodamoinho, universal das cousas!

Alucinação à beira-mar

Um medo de morrer meus pés esfriava.
Noite alta. Ante o telúrico recorte,
Na diuturna discórdia, a equórea coorte
Atordoadoramente ribombava!

Eu, ególatra céptico, cismava
Em meu destino!... O vento estava forte
E aquela matemática da Morte
Com os seus números negros, me assombrava!

Mas a alga usufrutuária dos oceanos
E os malacopterígios subraquianos
Que um castigo de espécie emudeceu,

No eterno horror das convulsões marítimas
Pareciam também corpos de vítimas
Condenadas à Morte, assim como eu!

Vandalismo

Meu coração tem catedrais imensas,
Templos de priscas e longínquas datas,
Onde um nume de amor, em serenatas,
Canta a aleluia virginal das crenças.

Na ogiva fúlgida e nas colunatas
Vertem lustrais irradiações intensas
Cintilações de lâmpadas suspensas
E as ametistas e os florões e as pratas.

Como os velhos Templários medievais
Entrei um dia nessas catedrais
E nesses templos claros e risonhos...

E erguendo os gládios e brandindo as hastas,
No desespero dos iconoclastas
Quebrei a imagem dos meus próprios sonhos!

Pau d'Arco, 1904.

Versos íntimos

Vês?! Ninguém assistiu ao formidável
Enterro de tua última quimera.
Somente a Ingratidão — esta pantera —
Foi tua companheira inseparável!

Acostuma-te à lama que te espera!
O Homem, que, nesta terra miserável,
Mora, entre feras, sente inevitável
Necessidade de também ser fera.

Toma um fósforo. Acende teu cigarro!
O beijo, amigo, é a véspera do escarro,
A mão que afaga é a mesma que apedreja.

Se a alguém causa ainda pena a tua chaga,
Apedreja essa mão vil que te afaga,
Escarra nessa boca que te beija!

Pau d'Arco, 1901.

Vencedor

Toma as espadas rútilas, guerreiro,
E à rutilância das espadas, toma
A adaga de aço, o gládio de aço, e doma:
Meu coração — estranho carniceiro!

Não podes?! Chama então presto o primeiro
E o mais possante gladiador de Roma.
E qual mais pronto, e qual mais presto assoma,
Nenhum pode domar o prisioneiro.

Meu coração triunfava nas arenas.
Veio depois um domador de hienas
E outro mais, e, por fim, veio um atleta,

Vieram todos, por fim; ao todo, uns cem...
E não pode domá-lo, enfim, ninguém,
Que ninguém doma um coração de poeta!

Pau d'Arco, 1902.

A ilha de Cipango

Estou sozinho! A estrada se desdobra
Como uma imensa e rutilante cobra
De epiderme finíssima de areia...
E por essa finíssima epiderme
Eis-me passeando como um grande verme
Que, ao sol, em plena podridão, passeia!

A agonia do sol vai ter começo!
Caio de joelhos, trêmulo... Ofereço
Preces a Deus de amor e de respeito
E o Ocaso que nas águas se retrata
Nitidamente reproduz, exata,
A saudade interior que há no meu peito...

Tenho alucinações de toda a sorte...
Impressionado sem cessar com a Morte
E sentindo o que um lázaro não sente,
Em negras nuanças lúgubres e aziagas
Vejo terribilíssimas adagas,
Atravessando os ares bruscamente.

Os olhos volvo para o céu divino
E observo-me pigmeu e pequenino
Através de minúsculos espelhos.
Assim, quem diante duma cordilheira,
Para, entre assombros, pela vez primeira,
Sente vontade de cair de joelhos!

Soa o rumor fatídico dos ventos,
Anunciando desmoronamentos
De mil lajedos sobre mil lajedos...
E ao longe soam trágicos fracassos
De heróis, partindo e fraturando os braços
Nas pontas escarpadas dos rochedos!

Mas de repente, num enleio doce,
Qual se num sonho arrebatado fosse,
Na ilha encantada de Cipango tombo,
Da qual, no meio, em luz perpétua, brilha
A árvore da perpétua maravilha,
À cuja sombra descansou Colombo!

Foi nessa ilha encantada de Cipango,
Verde, afetando a forma de um losango,
Rica, ostentando amplo floral risonho,
Que Toscanelli viu seu sonho extinto
E como sucedeu a Afonso Quinto
Foi sobre essa ilha que extingui meu sonho!

Lembro-me bem. Nesse maldito dia
O gênio singular da Fantasia
Convidou-me a sorrir para um passeio...
Iríamos a um país de eternas pazes
Onde em cada deserto há mil oásis
E em cada rocha um cristalino veio.

Gozei numa hora séculos de afagos,
Banhei-me na água de risonhos lagos,
E finalmente me cobri de flores...
Mas veio o vento que a Desgraça espalha
E cobriu-me com o pano da mortalha,
Que estou cosendo para os meus amores!

Desde então para cá fiquei sombrio!
Um penetrante e corrosivo frio
Anestesiou-me a sensibilidade
E a grandes golpes arrancou as raízes
Que prendiam meus dias infelizes
A um sonho antigo de felicidade!

Invoco os Deuses salvadores do erro.
A tarde morre. Passa o seu enterro!...
A luz descreve zigue-zagues tortos

Enviando à terra os derradeiros beijos.
Pela estrada feral dois realejos
Estão chorando meus amores mortos!

E a treva ocupa toda a estrada longa...
O Firmamento é uma caverna oblonga
Em cujo fundo a Via-láctea existe.
E como agora a lua cheia brilha!
Ilha maldita vinte vezes a ilha
Que para todo o sempre me fez triste!

Pau d'Arco, 1904.

Mater

Como a crisálida emergindo do ovo
Para que o campo flórido a concentre,
Assim, oh! Mãe, sujo de sangue, um novo
Ser, entre dores, te emergiu do ventre!

E puseste-lhe, haurindo amplo deleite,
No lábio róseo a grande teta farta
— Fecunda fonte desse mesmo leite
Que amamentou os éfebos de Esparta. —

Com que avidez ele essa fonte suga!
Ninguém mais com a Beleza está de acordo,
Do que essa pequenina sanguessuga,
Bebendo a vida no teu seio gordo!

Pois, quanto a mim, sem pretensões, comparo,
Essas humanas cousas pequeninas
A um *biscuit* de quilate muito raro
Exposto aí, à amostra, nas vitrinas.

Mas o ramo fragílimo e venusto
Que hoje nas débeis gêmulas se esboça,

Há de crescer, há de tornar-se arbusto
E álamo altivo de ramagem grossa.

Clara, a atmosfera se encherá de aromas,
O Sol virá das épocas sadias.
E o antigo leão, que te esgotou as pomas,
Há de beijar-te as mãos todos os dias!

Quando chegar depois tua velhice
Batida pelos bárbaros invernos,
Relembrarás chorando o que eu te disse,
A sombra dos sicômoros eternos!

Pau d'Arco, 1905.

Poema negro

A Santos Neto

Para iludir minha desgraça, estudo.
Intimamente sei que não me iludo.
Para onde vou (o mundo inteiro o nota)
Nos meus olhares fúnebres, carrego
A indiferença, estúpida de um cego
E o ar indolente de um chinês idiota!

A passagem dos séculos me assombra.
Para onde irá correndo minha sombra
Nesse cavalo de eletricidade?!
Caminho, e a mim pergunto, na vertigem:
— Quem sou? Para onde vou? Qual minha origem?
E parece-me um sonho a realidade.

Em vão com o grito do meu peito impreco!
Dos brados meus ouvindo apenas o eco,
Eu torço os braços numa angústia douda
E muita vez, à meia-noite, rio

Sinistramente, vendo o verme frio
Que há de comer a minha carne toda!

É a Morte — esta carnívora assanhada —
Serpente má de língua envenenada
Que tudo que acha no caminho, come...
— Faminta e atra mulher que, a 1 de Janeiro,
Sai para assassinar o mundo inteiro,
E o mundo inteiro não lhe mata a fome!

Nesta sombria análise das cousas,
Corro. Arranco os cadáveres das lousas
E as suas partes podres examino...
Mas de repente, ouvindo um grande estrondo,
Na podridão daquele embrulho hediondo
Reconheço assombrado o meu Destino!

Surpreendo-me, sozinho, numa cova.
Então meu desvario se renova...
Como que, abrindo todos os jazigos,
A Morte, em trajos pretos e amarelos,
Levanta contra mim grandes cutelos
E as baionetas dos dragões antigos!

E quando vi que aquilo vinha vindo
Eu fui caindo como um sol caindo
De declínio em declínio; e de declínio
Em declínio, com a gula de uma fera,
Quis ver o que era, e quando vi o que era,
Vi que era pó, vi que era esterquilínio!

Chegou a tua vez, oh! Natureza!
Eu desafio agora essa grandeza,
Perante a qual meus olhos se extasiam...
Eu desafio, desta cova escura,
No histerismo danado da tortura
Todos os monstros que os teus peitos criam.

Tu não és minha mãe, velha nefasta!
Com o teu chicote frio de madrasta
Tu me açoitaste vinte e duas vezes.
Por tua causa apodreci nas cruzes,
Em que pregas os filhos que produzes
Durante os desgraçados nove meses!

Semeadora terrível de defuntos,
Contra a agressão dos teus contrastes juntos
A besta, que em mim dorme, acorda em berros;
Acorda, e após gritar a última injúria,
Chocalha os dentes com medonha fúria
Como se fosse o atrito de dois ferros!

Pois bem! Chegou minha hora de vingança.
Tu mataste o meu tempo de criança
E de segunda-feira até domingo,
Amarrado no horror de tua rede,
Deste-me fogo quando eu tinha sede.
Deixa-te estar, canalha, que eu me vingo!

Súbito outra visão negra me espanta!
Estou em Roma. É Sexta-feira Santa.
A treva invade o obscuro orbe terrestre.
No Vaticano, em grupos prosternados,
Com as longas fardas rubras, os soldados
Guardam o corpo do Divino Mestre.

Como as estalactites da caverna,
Cai no silêncio da Cidade Eterna
A água da chuva em largos fios grossos...
De Jesus Cristo resta unicamente
Um esqueleto; e a gente, vendo-o, a gente
Sente vontade de abraçar-lhe os ossos!

Não há ninguém na estrada da Ripetta.
Dentro da Igreja de São Pedro, quieta,
As luzes funerais arquejam fracas...

O vento entoa cânticos de morte.
Roma estremece! Além, num rumor forte,
Recomeça o barulho das matracas.

A desagregação da minha Ideia
Aumenta. Como as chagas da morfeia
O medo, o desalento e o desconforto
Paralisam-me os círculos motores.
Na Eternidade, os ventos gemedores
Estão dizendo que Jesus é morto!

Não! Jesus não morreu! Vive na serra
Da Borborema, no ar de minha terra,
Na molécula e no átomo... Resume
A espiritualidade da matéria
E ele é que embala o corpo da miséria
E faz da cloaca uma urna de perfume.

Na agonia de tantos pesadelos
Uma dor bruta puxa-me os cabelos.
Desperto. É tão vazia a minha vida!
No pensamento desconexo e falho
Trago as cartas confusas de um baralho
E um pedaço de cera derretida!

Dorme a casa. O céu dorme. A árvore dorme.
Eu, somente eu, com a minha dor enorme
Os olhos ensanguento na vigília!
E observo, enquanto o horror me corta a fala,
O aspecto sepulcral da austera sala
E a impassibilidade da mobília.

Meu coração, como um cristal, se quebre;
O termômetro negue minha febre,
Torne-se gelo o sangue que me abrasa,
E eu me converta na cegonha triste
Que das ruínas duma casa assiste
Ao desmoronamento de outra casa!

Ao terminar este sentido poema
Onde vazei a minha dor suprema
Tenho os olhos em lágrimas imersos...
Rola-me na cabeça o cérebro oco.
Por ventura, meu Deus, estarei louco?!
Daqui por diante não farei mais versos.

Paraíba, 1906.

Eterna mágoa

O homem por sobre quem caiu a praga
Da tristeza do Mundo, o homem que é triste
Para todos os séculos existe
E nunca mais o seu pesar se apaga!

Não crê em nada, pois, nada há que traga
Consolo à Mágoa, a que só ele assiste.
Quer resistir, e quanto mais resiste
Mais se lhe aumenta e se lhe afunda a chaga.

Sabe que sofre, mas o que não sabe
É que essa mágoa infinda assim, não cabe
Na sua vida, é que essa mágoa infinda

Transpõe a vida do seu corpo inerme;
E quando esse homem se transforma em verme
É essa mágoa que o acompanha ainda!

Pau d'Arco, 1904.

Queixas noturnas

Quem foi que viu a minha Dor chorando?!
Saio. Minh'alma sai agoniada.

Andam monstros sombrios pela estrada
E pela estrada, entre estes monstros, ando!

Não trago sobre a túnica fingida
As insígnias medonhas do infeliz
Como os falsos mendigos de Paris
Na atra rua de Santa Margarida.

O quadro de aflições que me consomem
O próprio Pedro Américo não pinta...
Para pintá-lo, era preciso a tinta
Feita de todos os tormentos do homem!

Como um ladrão sentado numa ponte
Espera alguém, armado de arcabuz,
Na ânsia incoercível de roubar a luz,
Estou à espera de que o Sol desponte!

Bati nas pedras dum tormento rude
E a minha mágoa de hoje é tão intensa
Que eu penso que a Alegria é uma doença
E a Tristeza é minha única saúde.

As minhas roupas, quero até rompê-las!
Quero, arrancado das prisões carnais,
Viver na luz dos astros imortais,
Abraçado com todas as estrelas!

A Noite vai crescendo apavorante
E dentro do meu peito, no combate,
A Eternidade esmagadora bate
Numa dilatação exorbitante!

E eu luto contra a universal grandeza
Na mais terrível desesperação...
É a luta, é o prélio, enorme, é a rebelião
Da criatura contra a natureza!

Para essas lutas uma vida é pouca
Ainda mesmo que os músculos se esforcem;
Os pobres braços do mortal se torcem
E o sangue jorra, em coalhos, pela boca.

E muitas vezes a agonia é tanta
Que, rolando dos últimos degraus,
O Hércules treme e vai tombar no caos
De onde seu corpo nunca mais levanta!

É natural que esse Hércules se estorça,
E tombe para sempre nessas lutas,
Estrangulado pelas rodas brutas
Do mecanismo que tiver mais força.

Ah! Por todos os séculos vindouros
Há de travar-se essa batalha vã
Do dia de hoje contra o de amanhã,
Igual à luta dos cristãos e mouros!

Sobre histórias de amor o interrogar-me
É vão, é inútil, é improfícuo, em suma;
Não sou capaz de amar mulher alguma
Nem há mulher talvez capaz de amar-me.

O amor tem favos e tem caldos quentes
E ao mesmo tempo que faz bem, faz mal;
O coração do Poeta é um hospital
Onde morreram todos os doentes.

Hoje é amargo tudo quanto eu gosto;
A bênção matutina que recebo...
E é tudo: o pão que como, a água que bebo,
O velho tamarindo a que me encosto!

Vou enterrar agora a harpa boêmia
Na atra e assombrosa solidão feroz

Onde não cheguem o eco duma voz
E o grito desvairado da blasfêmia!

Que dentro de minh'alma americana
Não mais palpite o coração — esta arca,
Este relógio trágico que marca
Todos os atos da tragédia humana!

Seja esta minha queixa derradeira
Cantada sobre o túmulo de Orfeu;
Seja este, enfim, o último canto meu
Por esta grande noite brasileira!

Melancolia! Estende-me a tua asa!
És a árvore em que devo reclinar-me...
Se algum dia o Prazer vier procurar-me
Dize a este monstro que eu fugi de casa!

Pau d'Arco, 1906.

Insônia

Noite. Da Mágoa o espírito noctâmbulo
Passou de certo por aqui chorando!
Assim, em mágoa, eu também vou passando
Sonâmbulo... sonâmbulo... sonâmbulo...

Que voz é esta que a gemer concentro
No meu ouvido e que do meu ouvido
Como um bemol e como um sustenido
Rola impetuosa por meu peito a dentro?!

— Por que é que este gemido me acompanha?!
Mas dos meus olhos no sombrio palco
Súbito surge como um catafalco
Uma cidade ao mapa-múndi estranha.

A dispersão dos sonhos vagos reúno.
Desta cidade pelas ruas erra
A procissão dos Mártires da Terra
Desde os Cristãos até Giordano Bruno!

Vejo diante de mim Santa Francisca
Que com o cilício as tentações suplanta,
E invejo o sofrimento desta Santa,
Em cujo olhar o Vício não faísca!

Se eu pudesse ser puro! Se eu pudesse,
Depois de embebedado deste vinho.
Sair da vida puro como o arminho
Que os cabelos dos velhos embranquece!

Por que cumpri o universal ditame!?
Pois se eu sabia onde morava o Vício,
Por que não evitei o precipício
Estrangulando minha carne infame?!

Até que dia o intoxicado aroma
Das paixões torpes sorverei contente?
E os dias correrão eternamente?!
E eu nunca sairei desta Sodoma?!

À proporção que a minha insônia aumenta
Hieroglifos e esfinges interrogo.
Mas, triunfalmente, nos céus altos, logo
Toda a alvorada esplêndida se ostenta.

Vagueio pela Noute decaída.
No espaço a luz de Aldebarã e de Árgus
Vai projetando sobre os campos largos
O derradeiro fósforo da Vida.

O Sol, equilibrando-se na esfera,
Restitui-me a pureza da hematose

E então uma interior metamorfose
Nas minhas arcas cerebrais se opera.

O odor da margarida e da begônia
Subitamente me penetra o olfato...
Aqui, neste silêncio e neste mato,
Respira com vontade a alma campônia!

Grita a satisfação na alma dos bichos.
Incensa o ambiente o fumo dos cachimbos.
As árvores, as flores, os corimbos,
Recordam santos nos seus próprios nichos.

Com o olhar a verde periferia abarco.
Estou alegre. Agora, por exemplo,
Cercado destas árvores, contemplo
As maravilhas reais do meu Pau d'Arco!

Cedo virá, porém, o funerário,
Atro dragão da escura noite, hedionda,
Em que o Tédio, batendo na alma, estronda
Como um grande trovão extraordinário.

Outra vez serei pábulo do susto
E terei outra vez de, em mágoa imerso,
Sacrificar-me por amor do Verso
No meu eterno leito de Procusto!

Pau d'Arco, 1905.

Barcarola

Cantam nautas, choram flautas
Pelo mar e pelo mar
Uma sereia a cantar
Vela o Destino dos nautas.

Espelham-se os esplendores
Do céu, em reflexos, nas
Águas, fingindo cristais
Das mais deslumbrantes cores.

Em fulvos filões doirados
Cai a luz dos astros por
Sobre o marítimo horror,
Como globos estrelados.

Lá onde as rochas se assentara
Fulguram como outros sóis
Os flamívomos faróis
Que os navegantes orientam.

Vai uma onda, vem outra onda
E nesse eterno vaivém
— Coitadas! não acham quem,
Quem as esconda, as esconda.

Alegoria tristonha
Do que pelo Mundo vai!
Se um sonha e se ergue, outro cai;
Se um cai, outro se ergue e sonha.

Mas desgraçado do pobre
Que em meio da Vida cai!
Esse não volta, esse vai
Para o túmulo que o cobre.

Vagueia um poeta num barco.
O Céu, de cima, a luzir
Como um diamante de Ofir
Imita a curva de um arco.

A Lua — globo de louça —
Surgiu, em lúcido véu.

Cantam! Os astros do Céu
Ouçam e a Lua Cheia ouça!

Ouça do alto a Lua Cheia
Que a sereia vai falar.
Haja silêncio no mar
Para se ouvir a sereia.

Que é que ela diz?! Será uma.
História de amor feliz?
Não! O que a sereia diz
Não é história nenhuma.

É como um *requiem* profundo
De tristíssimos bemóis...
Sua voz é igual à voz
Das dores todas do mundo.

"Fecha-te nesse medonho
"Reduto de Maldição,
"Viageiro da extrema-unção,
"Sonhador do último sonho!

"Numa redoma ilusória
"Cercou-te a glória falaz,
"Mas nunca mais, nunca mais
"Há de cercar-te essa glória!

"Nunca mais! Sê, porém, forte.
"O poeta é como Jesus!
"Abraça-te à tua Cruz
"E morre, poeta da Morte!"

— E disse e porque isto disse
O luar no Céu se apagou...
Súbito o barco tombou
Sem que o poeta o pressentisse!

Vista de luto o Universo
E Deus se enlute no Céu!
Mais um poeta que morreu,
Mais um coveiro do Verso!

Cantam nautas, choram flautas
Pelo mar e pelo mar
Uma sereia a cantar
Vela o Destino dos nautas!

Tristezas de um quarto minguante

Quarto Minguante! E, embora a lua o aclare,
Este *Engenho Pau d'Arco* é muito triste.
Nos engenhos da várzea não existe
Talvez um outro que se lhe equipare!

Do observatório em que eu estou situado
A lua magra, quando a noite cresce,
Vista, através do vidro azul, parece
Um paralelepípedo quebrado!

O sono esmaga o encéfalo do povo.
Tenho 300 quilos no epigastro.
Dói-me a cabeça. Agora a cara do astro
Lembra a metade de uma casca de ovo.

Diabo! Não ser mais tempo de milagre!
Para que esta opressão desapareça
Vou amarrar um pano na cabeça,
Molhar a minha fronte com vinagre.

Aumentam-se-me então os grandes medos.
O hemisfério lunar se ergue e se abaixa
Num desenvolvimento de borracha,
Variando à ação mecânica dos dedos!

Vai-me crescendo a aberração do sonho.
Morde-me os nervos o desejo doudo
De dissolver-me, de enterrar-me todo
Naquele semicírculo medonho!

Mas tudo isto é ilusão de minha parte!
Quem sabe se não é porque não saio,
Desde que, sexta-feira, 3 de Maio,
Eu escrevi os meus Gemidos de Arte?!

A lâmpada a estirar línguas vermelhas lambe o ar.
No bruto horror que me arrebata,
Como um degenerado psicopata
Eis-me a contar o número das telhas!

— Uma, duas, três, quatro... E aos tombos, tonta
Sinto a cabeça e a conta perco; e, em suma,
A conta recomeço, em ânsias: — Uma.
Mas novamente eis-me a perder a conta!

Sucede a uma tontura outra tontura.
— Estarei morto?! E a esta pergunta estranha
Responde a Vida — aquela grande aranha
Que anda tecendo a minha desventura! —

A luz do quarto diminuindo o brilho
Segue todas as fases de um eclipse.
Começo a ver coisas de Apocalipse
No triângulo escaleno do ladrilho!

Deito-me enfim. Ponho o chapéu num gancho.
Cinco lençóis balançam numa corda,
Mas aquilo mortalhas me recorda,
E o amontoamento dos lençóis desmancho.

Vêm-me à imaginação sonhos dementes.
Acho-me, por exemplo, numa festa.

Tomba uma torre sobre a minha testa,
Caem-me de uma só vez todos os dentes!

Então dois ossos roídos me assombraram.
— "Porventura haverá quem queira roer-nos?!
Os vermes já não querem mais comer-nos
E os formigueiros já nos desprezaram".

Figuras espectrais de bocas tronchas
Tornam-me o pesadelo duradouro.
Choro e quero beber a água do choro
Com as mãos dispostas à feição de conchas.

Tal uma planta aquática submersa,
Antegozando as últimas delícias
Mergulho as mãos — vis raízes adventícias —
No algodão quente de um tapete persa.

Por muito tempo rolo no tapete.
Súbito me ergo. A lua é morta. Um frio
Cai sobre o meu estômago vazio
Como se fosse um copo de sorvete!

A alta frialdade me insensibiliza;
O suor me ensopa. Meu tormento é infindo...
Minha família ainda está dormindo
E eu não posso pedir outra camisa!

Abra a janela. Elevam-se fumaças
Do engenho enorme. A luz fulge abundante
E em vez do sepulcral Quarto Minguante
Vi que era o sol batendo nas vidraças.

Pelos respiratórios tênues tubos
Dos poros vegetais, no ato da entrega
Do mato verde, a terra resfolega
Estrumada, feliz, cheia de adubos.

Côncavo, o céu, radiante e estriado, observa
A universal criação. Broncos e feios,
Vários répteis cortam os campos, cheios
Dos tenros tinhorões e da úmida erva.

Babujada por baixos beiços brutos,
No húmus feraz, hierática, se ostenta
A monarquia da árvore opulenta
Que dá aos homens o óbolo dos frutos.

De mim diverso, rígido e de rastos
Com a solidez do tegumento sujo
Sulca, em diâmetro, o solo um caramujo
Naturalmente pelos mata-pastos.

Entretanto, passei o dia inquieto,
A ouvir, nestes bucólicos retiros,
Toda a salva fatal de 21 tiros
Que festejou os funerais de Hamleto!

Ah! Minha ruína é pior do que a de Tebas!
Quisera ser, numa última cobiça,
A fatia esponjosa de carniça
Que os corvos comem sobre as jurubebas!

Porque, longe do pão com que me nutres
Nesta hora, oh! Vida, em que a sofrer me exortas
Eu estaria como as bestas mortas
Pendurado no bico dos abutres!

Pau d'Arco, maio, 1907.

Mistérios de um fósforo

Pego de um fósforo. Olho-o. Olho-o ainda. Risco-o
Depois. E o que depois fica e depois

Resta é um ou, por outra, é mais de um, são dois
Túmulos dentro de um carvão promíscuo.

Dois são, porque um, certo, é do sonho assíduo
Que a individual psique humana tece e
O outro é o do sonho altruístico da espécie
Que é o *substractum* dos sonhos do indivíduo!

E exclamo, ébrio, a esvaziar báquicos odres:
— "Cinza, síntese má da podridão,
"Miniatura alegórica do chão,
"Onde os ventres maternos ficam podres;

"Na tua clandestina e erma alma vasta,
"Onde nenhuma lâmpada se acende,
"Meu raciocínio sôfrego surpreende
"Todas as formas da matéria gasta!"

Raciocinar! Aziaga contingência!
Ser quadrúpede! Andar de quatro pés
É mais do que ser Cristo e ser Moisés
Porque é ser animal sem ter consciência!

Bêbedo, os beiços na ânfora ínfima, harto,
Mergulho, e na ínfima ânfora, harto, sinto
O amargor específico do absinto
E o cheiro animalíssimo do parto!

E afogo mentalmente os olhos fundos
Na amorfia da sítula inicial,
De onde, por epigênese geral,
Todos os organismos são oriundos.

Presto, irrupto, através ovoide e hialino
Vidro, aparece, amorfo e lúrido, ante
Minha massa encefálica minguante
Todo o gênero humano intrauterino!

E o caos da ávita víscera avarenta
— Mucosa nojentíssima de pus,
A nutrir diariamente os fetos nus
Pelas vilosidades da placenta! —

Certo, o arquitetural e íntegro aspecto
Do mundo o mesmo ainda é, que, ora, o que nele
Morre, sou eu, sois vós, é todo aquele
Que vem de um ventre inchado, ínfimo e infecto!

E a flor dos genealógicos abismos
— Zooplasma pequeníssimo e plebeu,
De onde o desprotegido homem nasceu
Para a fatalidade dos tropismos. —

Depois, é o céu abscôndito do Nada.
É este ato extraordinário de morrer
Que há de, na última hebdômada, atender
Ao pedido da célula cansada!

Um dia restará, na terra instável,
De minha antropocêntrica matéria
Numa côncava xícara funérea
Uma colher de cinza miserável!

Abro na treva os olhos quase cegos.
Que mão sinistra e desgraçada encheu
Os olhos tristes que meu Pai me deu
De alfinetes, de agulhas e de pregos?!

Pesam sobre o meu corpo oitenta arráteis!
Dentro um dínamo déspota, sozinho,
Sob a morfologia de um moinho,
Move todos os meus nervos vibráteis.

Então, do meu espírito, em segredo,
Se escapa, dentre as tênebras, muito alto,

Na síntese acrobática de um salto,
O espectro angulosíssimo, do Medo!

Em cismas filosóficas me perco
E vejo, como nunca outro homem viu,
Na anfigonia que me produziu
Noniliões de moléculas de esterco.

Vida, mônada vil, cósmico zero,
Migalha de albumina semifluida,
Que fez a boca mística do druida
E a língua revoltada de Lutero;

Teus gineceus prolíficos envolvem
Cinza fetal!... Basta um fósforo só
Para mostrar a incógnita de pó,
Em que todos os seres se resolvem!

Ah! Maldito o conúbio incestuoso
Dessas afinidades eletivas,
De onde quimicamente tu derivas,
Na aclamação simbiótica do gozo!

O enterro de minha última neurona
Desfila... E eis-me outro fósforo a riscar.
E esse acidente químico vulgar
Extraordinariamente me impressiona!

Mas minha crise artrítica não tarda. Adeus!
Que eu vejo enfim, com a alma vencida,
Na abjeção embriológica da vida
O futuro de cinza que me aguarda!

Paraíba, 1910.

Outras poesias

O lamento das coisas

Triste, a escutar, pancada por pancada,
A sucessividade dos segundos,
Ouço, em sons subterrâneos, do Orbe oriundos,
O choro da Energia abandonada!

É a dor da Força desaproveitada
— O cantochão dos dínamos profundos,
Que, podendo mover milhões de mundos,
Jazem ainda na estática do Nada!

É o soluço da forma ainda imprecisa...
Da transcendência que se não realiza...
Da luz que não chegou a ser lampejo...

E é em suma, o subconsciente ai formidando
Da Natureza que parou, chorando,
No rudimentarismo do Desejo!

O meu nirvana

No alheamento da obscura forma humana,
De que, pensando, me desencarcero,
Foi que eu, num grito de emoção, sincero
Encontrei, afinal, o meu Nirvana?

Nessa manumissão schopenhauereana,
Onde a Vida do humano aspecto fero
Se desarraiga, eu, feito força, impero
Na imanência da Ideia Soberana!

Destruída a sensação que oriunda fora
Do tato — ínfima antena aferidora
Destas tegumentárias mãos plebeias —

Gozo o prazer, que os anos não carcomem,
De haver trocado a minha forma de homem
Pela imortalidade das Ideias!

Caput immortale

Ad poetam

Na dinâmica aziaga das descidas,
Aglomeradamente e em turbilhão
Solucem dentro do Universo ancião,
Todas as urbes siderais vencidas!

Morra o éter. Cesse a luz. Parem as vidas.
Sobre a pancosmológica exaustão
Reste apenas o acervo árido e vão
Das muscularidades consumidas!

Ainda assim, a animar o cosmos ermo,
Morto o comércio físico nefando,
Oh! Nauta aflito do Subliminal,

Como a última expressão da Dor sem termo,
Tua cabeça há de ficar vibrando
Na negatividade universal!

Apóstrofe à carne

Quando eu pego nas carnes do meu rosto.
Pressinto o fim da orgânica batalha:
— Olhos que o húmus necrófago estraçalha,
Diafragmas, decompondo-se, ao sol posto...

E o Homem — negro e heteróclito composto,
Onde a alva flama psíquica trabalha,
Desagrega-se e deixa na mortalha
O tato, a vista, o ouvido, o olfato e o gosto!

Carne, feixe de mônadas bastardas,
Conquanto em flâmeo fogo efêmero ardas,
A dardejar relampejantes brilhos,

Dói-me ver, muito embora a alma te acenda,
Em tua podridão a herança horrenda,
Que eu tenho de deixar para os meus filhos!

Louvor à unidade

"Escafandros, arpões, sondas e agulhas
"Debalde aplicas aos heterogêneos
"Fenômenos, e, há inúmeros milênios,
"Num pluralismo hediondo o olhar mergulhas!

"Une, pois, a irmanar diamantes e hulhas,
"Com essa intuição monística dos gênios,
"À hirta forma falaz do *aere perennius*
"A transitoriedade das fagulhas!"

— Era a estrangulação, sem retumbância,
Da multimilenária dissonância
Que as harmonias siderais invade...

Era, numa alta aclamação, sem gritos,
O regresso dos átomos aflitos
Ao descanso perpétuo da Unidade!

O PÂNTANO

Podem vê-lo, sem dor, meus semelhantes!
Mas, para mim que a Natureza escuto,
Este pântano é o túmulo absoluto,
De todas as grandezas começantes!

Larvas desconhecidas de gigantes
Sobre o seu leito de peçonha e luto
Dormem tranquilamente o sono bruto
Dos superorganismos ainda infantes!

Em sua estagnação arde uma raça,
Tragicamente, à espera de quem passa
Para abrir-lhe, às escâncaras, a porta...

E eu sinto a angústia dessa raça ardente
Condenada a esperar perpetuamente
No universo esmagado da água morta!

SUPRÈME CONVULSION

O equilíbrio do humano pensamento
Sofre também a súbita ruptura,
Que produz muita vez, na noite escura,
A convulsão meteórica do vento.

E a alma o obnóxio quietismo sonolento
Rasga; e, opondo-se à Inércia, é a essência pura,
É a síntese, é o transunto, é a abreviatura
Do todo o ubiquitário Movimento!

Sonho, — libertação do homem cativo —
Ruptura do equilíbrio subjetivo,
Ah! Foi teu beijo convulsionador

Que produziu este contraste fundo
Entre a abundância do que eu sou, no Mundo,
E o nada do meu homem interior!

A um gérmen

Começaste a existir, geleia crua,
E hás de crescer, no teu silêncio, tanto
Que, é natural, ainda algum dia, o pranto
Das tuas concreções plásmicas flua!

A água, em conjugação com a terra nua,
Vence o granito, deprimindo-o... O espanto
Convulsiona os espíritos, e, entanto,
Teu desenvolvimento continua!

Antes, geleia humana, não progridas
E em retrogradações indefinidas,
Volvas à antiga inexistência calma!...

Antes o Nada, oh! gérmen, que ainda haveres
De atingir, como o gérmen de outros seres,
Ao supremo infortúnio de ser alma!

Natureza íntima

Ao filósofo Farias Brito

Cansada de observar-se na corrente
Que os acontecimentos refletia,
Reconcentrando-se em si mesma, um dia,
A Natureza olhou-se interiormente!

Baldada introspeção! Noumenalmente
O que Ela, em realidade, ainda sentia
Era a mesma imortal monotonia
De sua face externa indiferente!

E a Natureza disse com desgosto:
"Terei somente, porventura, rosto?!
"Serei apenas mera crusta espessa?!

"Pois é possível que Eu, causa do Mundo,
"Quanto mais em mim mesma me aprofundo,
"Menos interiormente me conheça?!"

A FLORESTA

Em vão com o mundo da floresta privas!...
— Todas as hermenêuticas sondagens,
Ante o hieroglifo e o enigma das folhagens,
São absolutamente negativas!

Araucárias, traçando arcos de ogivas,
Bracejamentos de álamos selvagens,
Como um convite para estranhas viagens,
Tornam todas as almas pensativas!

Há uma força vencida nesse mundo!
Todo o organismo florestal profundo
É dor viva, trancada num disfarce...

Vivem só, nele, os elementos broncos,
— As ambições que se fizeram troncos,
Porque nunca puderam realizar-se!

A MERETRIZ

A rua dos destinos desgraçados
Faz medo. O Vício estruge. Ouvem-se os brados
Da danação carnal... Lúbrica, à lua,
Na sodomia das mais negras bodas
Desarticula-se, em coreias doudas,
Uma mulher completamente nua!

É a meretriz que, de cabelos ruivos,
Bramando, ébria e lasciva, hórridos uivos
Na mesma esteira pública, recebe,
Entre farraparias; e esplendores,
O erotismo das classes superiores
E o orgasmo bastardíssimo da plebe!

É ela que, aliando, à luz do olhar protervo,
O indumento vilíssimo do servo
Ao brilho da augustal *toga pretexta,*
Sente, alta noite, em contorções sombrias,
Na vacuidade das entranhas frias
O esgotamento intrínseco da besta!

É ela que, hirta, a arquivar credos desfeitos,
Com as mãos chagadas, espremendo os peitos,
Reduzidos, por fim, a âmbulas moles,
Sofre em cada molécula a angústia alta
De haver secado, como o estepe, à falta
Da água criadora que alimenta as proles!

É ela que, arremessada sobre o rude
Despenhadeiro da decrepitude,
Na vizinhança aziaga dos ossuários
Representa, através os meus sentidos,
A escuridão dos gineceus falidos
E a desgraça de todos os ovários!

Irrita-se-lhe a carne à meia-noite.
Espicaça-a a ignomínia, excita-a o açoite
Do incêndio que lhe inflama a língua espúria.
E a mulher, funcionária dos instintos,
Com a roupa amarfanhada e os beiços tintos,
Gane instintivamente de luxúria!

Navio para o qual todos os portos
Estão fechados, urna de ovos mortos,
Chão de onde uma só planta não rebenta,
Ei-la, de bruços, bêbeda de gozo
Saciando o geotropismo pavoroso
De unir o corpo à terra famulenta!

Nesse espolinhamento repugnante
O esqueleto irritado da bacante
Estrala... Lembra o ruído harto azorrague
A vergastar ásperos dorsos grossos.
E é aterradora essa alegria de ossos
Pedindo ao sensualismo que os esmague!

E o pseudorregozijo dos eunucos
Por natureza, dos que são caducos
Desde que a Mãe-Comum lhes deu início...
É a dor profunda da incapacidade
Que, pela própria hereditariedade
A lei da seleção disfarça em Vício!

E o júbilo aparente da alma quase
A eclipar-se, no horror da occídua fase
Esterilizadora de órgãos... É o hino
Da matéria incapaz, filha do inferno,
Pagando com volúpia o crime eterno
De não ter sido fiel ao seu destino!

E o Desespero que se faz bramido
De anelo animalíssimo incontido,
Mais que a vaga incoercível na água oceânea...

É a Carne que, já morta essencialmente,
Para a Finalidade Transcendente
Gera o prodígio anímico da Insânia!

Nas frias antecâmaras do Nada
O fantasma da fêmea castigada,
Passa agora ao clarão da lua acesa
E é seu corpo expiatório, alvo e desnudo
A síntese eucarística de tudo
Que não se realizou na Natureza!

Antigamente, aos tácitos apelos
Das suas carnes e dos seus cabelos,
Na óptica abreviatura de um reflexo,
Fulgia, em cada humana nebulosa,
Toda a sensualidade tempestuosa
Dos apetites bárbaros do Sexo!

O atavismo das raças sibaritas,
Criando concupiscências infinitas
Como eviterno lobo, insatisfeito;
Na homofagia hedionda que o consome,
Vinha saciar a milenária fome
Dentro das abundâncias do seu leito!

Toda a libidinagem dos mormaços
Americanos fluía-lhe dos braços,
Irradiava-se-lhe, hírcica, das veias
E em torrencialidades quentes e úmidas,
Gorda a escorrer-lhe das artérias túmidas
Lembrava um transbordar de ânforas cheias.

A hora da morte acende-lhe o intelecto
E à úmida habitação do vício abjeto
Afluem milhões de sóis, rubros, radiando...
Resíduos memoriais tornam-se luzes
Fazem-se ideias e ela vê as cruzes
Do seu martirológio miserando!

Inícios atrofiados de ética, ânsia
De perfeição, sonhos de culminância,
Libertos da ancestral modorra calma,
Saem da infância embrionária e erguem-se, adultos,
Lançando a sombra horrível dos seus vultos
Sobre a noite fechada daquela alma!

É o sublevantamento coletivo
De um mundo inteiro que aparece vivo,
Numa cenografia de diorama,
Que, momentaneamente luz fecunda,
Brilha na prostituta moribunda
Como a fosforescência sobre a lama!

É a visita alarmante do que outrora
Na abundância prospérrima da aurora,
Pudera progredir, talvez, de certo,
Mas que, adstrito a inferior plasma inconsútil,
Ficou rolando, como aborto inútil,
Como o .... do deserto!

Vede! A prostituição ofídia aziaga
Cujo tóxico instila a infâmia, e a estraga.
Na delinquência .... impune,
Agarrou-se-lhe aos seios impudicos
Como o abraço mortífero do Fícus
Sugando a seiva da árvore a que se une!
....
....
....
....
....
....
....

Enroscou-lhe aos abraços com tal gosto,
Mordeu-lhe a boca e o rosto ...
....

....
....
....
....

Ser meretriz depois do túmulo! A alma
Roubada a hirta quietude da urbe calma
Onde se extinguem todos os escolhos:
E, condenada, ao trágico ditame,
Oferecer-se à bicharia infame
Com a terra do sepulcro a encher-lhe os olhos!

Sentir a língua aluir-se na boca
E com a cabeça sem cabelos, oca...
....
Na horrorosa avulsão da forma nívea
Dizer ainda palavras de lascívia...
....

Guerra

Guerra é esforço, é inquietude, é ânsia, é transporte...
É a dramatização sangrenta e dura
Vir Deus num simples grão de argila errante,
Da avidez com que o Espírito procura

É a Subconsciência que se transfigura
Em volição conflagradora... É a coorte
Das raças todas, que se entrega à morte
Para a felicidade da Criatura!

É a obsessão de ver sangue, é o instinto horrendo
De subir, na ordem cósmica, descendo
À irracionalidade primitiva...

É a Natureza que, no seu arcano,
Precisa de encharcar-se em sangue humano
Para mostrar aos homens que está viva!

O SARCÓFAGO

Senhor da alta hermenêutica do Fado
Perlustro o *atrium* da Morte... É frio o ambiente
E a chuva corta inexoravelmente
O dorso de um sarcófago molhado!

Ah! Ninguém ouve o soluçante brado
De dor profunda, acérrima e latente,
Que o sarcófago, ereto e imóvel, sente
Em sua própria sombra sepultado!

Dói-lhe (quem sabe?!) essa grandeza horrível,
Que em toda a sua máscara se expande,
À humana comoção impondo-a, inteira...
Dói-lhe, em suma, perante o Incognoscível,
Essa fatalidade de ser grande
Para guardar unicamente poeira!

HINO À DOR

Dor, saúde dos seres que se fanam,
Riqueza da alma, psíquico tesouro,
Alegria das glândulas do choro
De onde todas as lágrimas emanam.

És suprema! Os meus átomos se ufanam
De pertencer-te, oh! Dor, ancoradouro
Dos desgraçados, sol do cérebro, ouro
De que as próprias desgraças se engalanam!

Sou teu amante! Ardo em teu corpo abstrato.
Com os corpúsculos mágicos do tato
Prendo a orquestra de chamas que executas...

E, assim, sem convulsão que me alvorece,
Minha maior ventura é estar de posse
De tuas claridades absolutas!

Ultima visio

Quando o homem, resgatado da cegueira
Vir Deus num simples grão de argila errante,
Terá nascido nesse mesmo instante
A mineralogia derradeira!

A impérvia escuridão obnubilante
Há de cessar! Em sua glória inteira
Deus resplandecerá dentro da poeira
Como um gasofiláceo de diamante!

Nessa última visão já subterrânea,
Um movimento universal de insânia
Arrancará da insciência o homem precito...

A Verdade virá das pedras mortas
E o homem compreenderá todas as portas
Que ele ainda tem de abrir para o Infinito!

Aos meus filhos

Na intermitência da vital canseira,
Sois vós que sustentais (Força Alta exige-o...)
Com o vosso catalítico prestígio,
Meu fantasma de carne passageira!

Vulcão da bioquímica fogueira
Destruiu-me todo o orgânico fastígio...
Dai-me asas, pois, para o último remígio,
Dai-me alma, pois, para a hora derradeira!

Culminâncias humanas ainda obscuras,
Expressões do universo radioativa,
Íons emanados do meu próprio ideal,

Benditos vós, que, em épocas futuras,
Haveis de ser no mundo subjetivo,
Minha continuidade emocional!

A dança da psique

A dança dos encéfalos acesos
Começa. A carne é fogo. A alma arde. A espaços
As cabeças, as mãos, os pés e os braços
Tombam, cedendo à ação de ignotos pesos!

É então que a vaga dos instintos presos
— Mãe de esterilidades e cansaços —
Atira os pensamentos mais devassos
Contra os ossos cranianos indefesos.

Subitamente a cerebral coreia
Para. O cosmos sintético da Ideia
Surge. Emoções extraordinárias sinto...

Arranco do meu crânio as nebulosas.
E acho um feixe de forças prodigiosas
Sustentando dois monstros: a alma e o instinto!

O POETA DO HEDIONDO

Sofro aceleradíssimas pancadas
No coração. Ataca-me a existência
A mortificadora coalescência
Das desgraças humanas congregadas!

Em alucinatórias cavalgadas,
Eu sinto, então, sondando-me a consciência
A ultrainquisitorial clarividência
De todas as neuronas acordadas!

Quanto me dói no cérebro esta sonda!
Ah! Certamente eu sou a mais hedionda
Generalização do Desconforto...

Eu sou aquele que ficou sozinho
Cantando sobre os ossos do caminho
A poesia de tudo quanto é morto!

A FOME E O AMOR

A um monstro

Fome! E, na ânsia voraz que, ávida, aumenta,
Receando outras mandíbulas a esbanjem,
Os dentes antropófagos que rangem,
Antes da refeição sanguinolenta!

Amor! E a satiríasis sedenta,
Rugindo, enquanto as almas se confrangem,
Todas as danações sexuais que abrangem
A apolínica besta famulenta!

Ambos assim, tragando a ambiência vasta,
No desembestamento que os arrasta,
Superexcitadíssimos, os dois

Representam, no ardor dos seus assomos
A alegoria do que outrora fomos
E a imagem bronca do que ainda hoje sois!

Homo infimus

Homem, carne sem luz, criatura cega,
Realidade geográfica infeliz,
O Universo calado te renega
E a tua própria boca te maldiz!

O nôumeno e o fenômeno, o alfa e o ômega
Amarguram-te. Hebdômadas hostis
Passam... Teu coração se desagrega,
Sangram-te os olhos, e, entretanto, ris!

Fruto injustificável dentre os frutos,
Montão de estercorária argila preta,
Excrescência de terra singular.

Deixa a tua alegria aos seres brutos,
Porque, na superfície do planeta,
Tu só tens um direito: — o de chorar!

Minha finalidade

Turbilhão teleológico incoercível,
Que força alguma inibitória acalma,
Levou-me o crânio e pôs-lhe dentro a palma
Dos que amam apreender o Inapreensível!

Predeterminação imprescriptível
Oriunda da infra-astral Substância calma
Plasmou, aparelhou, talhou minha alma
Para cantar de preferência o Horrível!

Na canonização emocionante,
Da dor humana, sou maior que Dante,
— A águia dos latifúndios florentinos!

Sistematizo, soluçando, o Inferno...
E trago em mim, num sincronismo eterno
A fórmula de todos os destinos!

Numa forja

De inexplicáveis ânsias prisioneiro
Hoje entrei numa forja, ao meio-dia.
Trinta e seis graus à sombra. O éter possuía
A térmica violência de um braseiro.
        Dentro, a cuspir escórias
        De fúlgida limalha
Dardejando centelhas transitórias,
No horror da metalúrgica batalha
        O ferro chiava e ria!

Ria, num sardonismo doloroso
        De ingênita amargura,
        Da qual, bruta, provinha
Como de um negro cáspio de água impura
        A multissecular desesperança
        De sua espécie abjeta
Condenada a uma estática mesquinha!

Ria com essa metálica tristeza
        De ser na Natureza,
        Onde a Matéria avança
        E a Substância caminha
Aceleradamente para o gozo
        Da integração completa,
Uma consciência eternamente obscura!

O ferro continuava a chiar e a rir.
E eu nervoso, irritado,
Quase com febre, a ouvir
Cada átomo de ferro
Contra a íncude esmagado
Sofrer, berrar, tinir,

Compreendia por fim que aquele berro
À substância inorgânica arrancado
Era a dor do minério castigado
Na impossibilidade de reagir!

Era um cosmos inteiro sofredor,
Cujo negror profundo
Astro nenhum exorna
Gritando na bigorna
Asperamente a sua própria dor!
Era, erguido do pó,
Inopinadamente
Para que à vida quente
Da sinergia cósmica desperte,
A ansiedade de um mundo
Doente de ser inerte,
Cansado de estar só!

Era a revelação
De tudo que ainda dorme
No metal bruto ou na geleia informe
Do parto primitivo da Criação!
Era o ruído-clarão,
— O ígneo jacto vulcânico
Que, atravessando a absconsa cripta enorme
De minha cavernosa subconsciência,
Punha em clarividência
Intramoleculares sóis acesos
Perpetuamente às mesmas formas presos,
Agarrados à inércia do Inorgânico
Escravos da Coesão!

Repuxavam-me a boca hórridos trismos
E eu sentia, afinal,
Essa angústia alarmante
Própria de alienação raciocinante,
Cheia de ânsias e medos
Com crispações nos dedos
Piores que os paroxismos
Da árvore que a atmosfera ultriz destronca.
A ouvir todo esse cosmos potencial,
Preso aos mineralógicos abismos
Angustiado e arquejante
A debater-se na estreiteza bronca
De um bloco de metal!

Como que a forja tétrica
Num estividor de estrago
Executava, em lúgubre *crescendo*
A antífona assimétrica
E o incompreensível wagnerismo aziago
De seu destino horrendo!

Ao clangor de tais carmes de martírio
Em cismas negras eu recaio imerso
Buscando no delírio
De uma imaginação convulsionada
Mais revolta talvez de que a onda atlântica,
Compreender a semântica
Dessa aleluia bárbara gritada
As margens glacialíssimas do Nada
Pelas coisas mais brutas do Universo!

Noli me tangere

A exaltação emocional do Gozo,
O Amor, a Glória, a Ciência, a Arte e a Beleza
Servem de combustíveis à ira acesa
Das tempestades do meu ser nervoso!

Eu sou, por consequência, um ser monstruoso!
Em minha arca encefálica indefesa
Choram as forças más da Natureza
Sem possibilidades de repouso!

Agregados anômalos malditos
Despedaçam-se, mordem-se, dão gritos
Nas minhas camas cerebrais funéreas...

Ai! Não toqueis em minhas faces verdes,
Sob pena, homens felizes, de sofrerdes
A sensação de todas as misérias!

O CANTO DOS PRESOS

Troa, a alardear bárbaros sons abstrusos,
O epitalâmio da Suprema Falta,
Entoado asperamente, em voz muito alta,
Pela promiscuidade dos reclusos!

No wagnerismo desses sons confusos,
Em que o Mal se engrandece e o ódio se exalta,
Uiva, à luz de fantástica ribalta,
A ignomínia de todos os abusos!

É a prosódia do cárcere, é a partênea
Aterradoramente heterogênea
Dos grandes transviamentos subjetivos...

É a saudade dos erros satisfeitos,
Que, não cabendo mais dentro dos peitos,
Se escapa pela boca dos cativos!

Aberração

Na velhice automática e na infância,
(Hoje, ontem, amanhã e em qualquer era)
Minha hibridez é a súmula sincera
Das defetividades da Substância.

Criando na alma a estesia abstrusa da ânsia,
Como Belerofonte com a Quimera
Mato o ideal; cresto o sonho; achato a esfera
E acho odor de cadáver na fragrância!

Chamo-me Aberração. Minha alma é um misto
De anomalias lúgubres. Existo
Como o cancro, a exigir que os sãos enfermem...

Teço a infâmia; urdo o crime; engendro o lodo
E nas mudanças do Universo todo
Deixo inscrita a memória do meu gérmen!

Vítima do dualismo

Ser miserável dentre os miseráveis
— Carrego em minhas células sombrias
Antagonismos irreconciliáveis
E as mais opostas idiossincrasias!

Muito mais cedo do que o imagináveis
Eis-vos, minha alma, enfim, dada às bravias
Cóleras dos dualismos implacáveis
E à gula negra das antinomias!

Psiquê biforme, o Céu e o Inferno absorvo...
Criação a um tempo escura e cor-de-rosa,
Feita dos mais variáveis elementos,

Ceva-se em minha carne, como um corvo,
A simultaneidade ultramonstruosa
De todos os contrastes famulentos!

Ao luar

Quando, à noite, o Infinito se levanta
À luz do luar, pelos caminhos quedos
Minha táctil intensidade é tanta
Que eu sinto a alma do Cosmos nos meus dedos!

Quebro a custódia dos sentidos tredos
E a minha mão, dona, por fim, de quanta
Grandeza o Orbe estrangula em seus segredos,
Todas as coisas íntimas suplanta!

Penetro, agarro, ausculto, apreendo, invado,
Nos paroxismos da hiperestesia,
O Infinitésimo e o Indeterminado...

Transponho ousadamente o átomo rude
E, transmudado em rutilância fria,
Encho o Espaço com a minha plenitude!

A um epiléptico

Perguntarás quem sou?! — ao suor, que te unta,
À dor que os queixos te arrebenta, aos trismos
Da epilepsia horrenda, e nos abismos
Ninguém responderá tua pergunta!

Reclamada por negros magnetismos
Tua cabeça há de cair, defunta
Na aterradora operação conjunta
Da tarefa animal dos organismos!

Mas após o antropófago alambique
Em que é mister todo o teu corpo fique
Reduzido a excreções de sânie e lodo,

Como a luz que arde, virgem, num monturo,
Tu hás de entrar completamente puro
Para a circulação do Grande Todo!

Canto de onipotência

Cloto, Átropos, Tifon, Laquesis, Siva...
E acima deles, como um astro, a arder,
Na hiperculminação definitiva
O meu supremo e extraordinário Ser!

Em minha sobre-humana retentiva
Brilhavam, como a luz do amanhecer,
A perfeição virtual tornada viva
E o embrião do que podia acontecer!

Por antecipação divinatória,
Eu, projetado muito além da História,
Sentia dos fenômenos o fim...

A coisa em si movia-se aos meus brados
E os acontecimentos subjugados
Olhavam como escravos para mim!

Minha árvore

Olha: É um triângulo estéril de ínvia, estrada!
Como que a erva tem dor... Roem-na amarguras
Talvez humanas, e entre rochas duras
Mostra ao Cosmos a face degradada!

Entre os pedrouços maus dessa morada
É que, às apalpadelas e às escuras,
Hão de encontrar as gerações futuras
Só, minha árvore humana desfolhada!

Mulher nenhuma afagará meu tronco!
Eu não me abalarei, nem mesmo ao ronco
Do furacão que, rábido, remoinha...

Folhas e frutos, sobre a terra ardente
Hão de encher outras árvores! Somente
Minha desgraça há de ficar sozinha!

Anseio

Que sou eu, neste ergástulo das vidas
Danadamente, a soluçar de dor?!
— Trinta trilhões de células vencidas,
Nutrindo uma efeméride interior.

Branda, entanto, a afagar tantas feridas,
A áurea mão taumatúrgica do Amor
Traça, nas minhas formas carcomidas,
A estrutura de um mundo superior!

Alta noite, esse mundo incoerente
Essa elementaríssima semente
Do que hei de ser, tenta transpor o Ideal...

Grita em meu grito, alarga-se em meu hausto,
E, ai! Como eu sinto no esqueleto exausto
Não poder dar-lhe vida material!

À mesa

Cedo à sofreguidão do estômago. É a hora
De comer. Coisa hedionda! Corro. E agora,
Antegozando a ensanguentada presa,
Rodeado pelas moscas repugnantes,
Para comer meus próprios semelhantes
Eis-me sentado à mesa!

Como porções de carne morta... Ai! Como
Os que, como eu, têm carne, com este assomo
Que a espécie humana em comer carne tem!...
Como! E pois que a Razão me não reprime,
Possa a terra vingar-se do meu crime
Comendo-me também.

Mãos

Há mãos que fazem medo
Feias agregações pentagonais,
Umas, em sangue, a delinquentes natos,
Assinalados pelo mancinismo,
Pertencentes talvez...
Outras, negras, a farpas de rochedo
Completamente iguais...
Mãos de linhas análogas a anfratos
Que a Natureza omnicriadora fez
Em contraposição e antagonismo
Às da estrela, às da neve, às dos cristais.

Mãos que adquiriram olhos, pituitárias
Olfativas, tentáculos subtis
E à noite, vão cheirar, quebrando portas
O azul gasofiláceo silencioso
Dos tálamos cristãos.
Mãos adúlteras, mãos mais sanguinárias
E estupradoras do que os bisturis

Cortando a carne em flor das crianças mortas.
Monstruosíssimas mãos,
Que apalpam e olham com lascívia e gozo
A pureza dos corpos infantis.

Revelação

I

Escafandrista de insondado oceano,
Sou eu que, aliando Buda ao sibarita,
Penetro a essência plásmica infinita,
— Mãe promíscua do amor e do ódio insano!

Sou eu que, hirto, auscultando o absconso arcano,
Por um poder de acústica esquisita,
Ouço o universo ansioso que se agita
Dentro de cada pensamento humano!

No abstrato abismo equóreo, em que me inundo,
Sou eu que, revolvendo o ego profundo
E a escuridão dos cérebros medonhos,

Restituo triunfalmente à esfera calma
Todos os cosmos que circulam na alma
Sob a forma embriológica de sonhos!

II

Treva e fulguração; sânie e perfume;
Massa palpável e éter; desconforto
E ataraxia; feto vivo e aborto...
— Tudo a unidade do meu ser resume!

Sou eu que, ateando da alma o occíduo lume,
Apreendo, em cisma abismadora absorto,

A potencialidade do que é morto
E a eficácia prolífica do estrume!

Ah! Sou eu que, transpondo a escarpa angusta
Dos limites orgânicos estreitos,
Dentro nos quais recalco em vão minha ânsia,

Sinto bater na putrescível crusta
Do tegumento que me cobre os peitos
Toda a imortalidade da Substância!

Versos a um coveiro

Numerar sepulturas e carneiros,
Reduzir carnes podres a algarismos,
Tal é, sem complicados silogismos,
A aritmética hedionda dos coveiros!

Um, dois, três, quatro, cinco... Esoterismos
Da Morte! E eu vejo; em fúlgidos letreiros,
Na progressão dos números inteiros
A gênese de todos os abismos!

Oh! Pitágoras da última aritmética,
Continua a contar na paz ascética
Dos tábidos carneiros sepulcrais

Tíbias, cérebros, crânios, rádios e úmeros,
Porque, infinita como os próprios números,
A tua conta não acaba mais!

Trevas

Haverá, por hipótese, nas geenas
Luz bastante fulmínea que transforme

Dentro da noite cavernosa e enorme
Minhas trevas anímicas serenas?!

Raio horrendo haverá que as rasgue apenas?!
Não! Porque, na abismal substância informe,
Para convulsionar a alma que dorme
Todas as tempestades são pequenas!

Há de a Terra vibrar na ardência infinda
Do éter em branca luz transubstanciado,
Rotos os nimbos maus que a obstruem a esmo...

A própria Esfinge há de falar-vos ainda
E eu, somente eu, hei de ficar trancado
Na noite aterradora de mim mesmo!

As montanhas

I

Das nebulosas em que te emaranhas
Levanta-te, alma, e dize-me, afinal,
Qual é, na natureza espiritual,
A significação dessas montanhas!

Quem não vê nas graníticas entranhas
A subjetividade ascensional
Paralisada e estrangulada, mal
Quis erguer-se a cumeadas tamanhas?!

Ah! Nesse anelo trágico de altura
Não serão as montanhas, porventura,
Estacionadas, íngremes, assim,

Por um abortamento de mecânica,
A representação ainda inorgânica
De tudo aquilo que parou em mim?!

II

Agora, oh! deslumbrada alma, perscruta
O puerpério geológico interior,
De onde rebenta, em contrações de dor,
Toda a sublevação da crusta hirsuta!

No curso inquieto da terráquea luta
Quantos desejos férvidos de amor
Não dormem, recalcados, sob o horror
Dessas agregações de pedra bruta?!

Como nesses relevos orográficos,
Inacessíveis aos humanos tráficos
Onde sóis, em semente, amam jazer,

Quem sabe, alma, se o que ainda não existe
Não vive em gérmen no agregado triste
Da síntese sombria do meu Ser?!

Apocalipse

Minha divinatória Arte ultrapassa
Os séculos efêmeros e nota
Diminuição dinâmica, derrota
Na atual força, integérrima, da Massa.

É a subversão universal que ameaça
A Natureza, e, em noite aziaga e ignota,
Destrói a ebulição que a água alvorota
E põe todos os astros na desgraça!

São despedaçamentos, derrubadas,
Federações sidéricas quebradas...
E eu só, o último a ser, pelo orbe adiante,

Espião da cataclísmica surpresa,
A única luz tragicamente acesa
Na universalidade agonizante!

A nau

A Heitor Lima

Sôfrega, alçando o hirto esporão guerreiro,
Zarpa. A íngreme cordoalha úmida fica...
Lambe-lhe a quilha a espúmea onda impudica
E ébrios tritões, babando, haurem-lhe o cheiro!

Na glauca artéria equórea ou no estaleiro
Ergue a alta mastreação, que o Éter indica,
E estende os braços de madeira rica
Para as populações do mundo inteiro!

Aguarda-a ampla reentrância de angra horrenda,
Para e, a amarra agarrada à âncora, sonha!
Mágoas, se as tem, subjugue-as ou disfarce-as...

E não haver uma alma que lhe entenda
A angústia transoceânica medonha
No rangido de todas as enxárcias!

Volúpia imortal

Cuidas que o genesíaco prazer,
Fome do átomo e eurítmico transporte
De todas as moléculas, aborte
Na hora em que a nossa carne apodrecer?!

Não! Essa luz radial, em que arde o Ser,
Para a perpetuação da Espécie forte,

Tragicamente, ainda depois da morte,
Dentro dos ossos, continua a arder!

Surdos destarte a apóstrofes e brados,
Os nossos esqueletos descarnados,
Em convulsivas contorções sensuais,

Haurindo o gás sulfídrico das covas,
Com essa volúpia das ossadas novas
Hão de ainda se apertar cada vez mais!

O fim das coisas

Pode o homem bruto, adstrito à ciência grave,
Arrancar, num triunfo surpreendente,
Das profundezas do Subconsciente
O milagre estupendo da aeronave!

Rasgue os broncos basaltos negros, cave,
Sôfrego, o solo sáxeo; e, na ânsia ardente
De perscrutar o íntimo do orbe, invente
A lâmpada aflogística de Davy!

Em vão! Contra o poder criador do Sonho
O Fim das Coisas mostra-se medonho
Como o desaguadouro atro de um rio...

E quando, ao cabo do último milênio,
A humanidade vai pesar seu gênio
Encontra o mundo, que ela encheu, vazio!

Viagem de um vencido

Noite. Cruzes na estrada. Aves com frio
E, enquanto eu tropeçava sobre os paus,

A efígie apocalíptica do Caos
Dançava no meu cérebro sombrio!

O Céu estava horrivelmente preto
E as árvores magríssimas lembravam
Pontos de admiração que se admiravam
De ver passar ali meu esqueleto!

Sozinho, uivando *hoffmânnicos* dizeres,
Aprazia-me assim, na escuridão,
Mergulhar minha exótica visão
Na intimidade noumenal dos seres.

Eu procurava, com uma vela acesa,
O feto original, de onde decorrem
Todas essas moléculas que morrem
Nas transubstanciações da Natureza.

Mas o que meus sentidos apreendiam
Dentro da treva lúgubre, era só
O ocaso sistemático de pó,
Em que as formas humanas se sumiam!

Reboava, num ruidoso borborinho
Bruto, análogo ao peã de márcios brados,
A rebeldia dos meus pés danados
Nas pedras resignadas do caminho.

Sentia estar pisando com a planta ávida
Um povo de radículas e embriões
Prestes a rebentar, como vulcões,
Do ventre equatorial da terra grávida!

Dentro de mim, como num chão profundo,
Choravam, com soluços quase humanos,
Convulsionando Céus, almas e oceanos
As formas microscópicas do mundo!

Era a larva agarrada a absconsas landes,
Era o abjeto vibrião rudimentar
Na impotência angustiosa de falar,
No desespero de não serem grandes!

Vinha-me à boca, assim, na ânsia dos párias,
Como o protesto de uma raça invicta,
O brado emocionante de vindicta
Das sensibilidades solitárias!

A longanimidade e o vilipêndio,
A abstinência e a luxúria, o bem e o mal
Ardiam no meu orco cerebral,
Numa crepitação própria de incêndio!

Em contraposição à paz funérea,
Doía profundamente no meu crânio
Esse funcionamento simultâneo
De todos os conflitos da matéria!

Eu, perdido no Cosmos, me tornara
A assembléia belígera malsã,
Onde Ormuzd guerreava com Arimã,
Na discórdia perpétua do *sansara*!

Já me fazia mão aquela viagem
A carregar pelas ladeiras tétricas,
Na óssea armação das vértebras simétricas
A angústia da biológica engrenagem!

No Céu, de onde se vê o Homem de rastros
Brilhava, vingadora, a esclarecer
As manchas subjetivas do meu ser
A espionagem fatídica dos astros!

Sentinelas de espíritos e estradas,
Noite alta, com a sidérica lanterna,

Eles entravam todos na caverna
Das consciências humanas mais fechadas!

Ao castigo daquela rutilância,
Maior que o olhar que perseguiu Caim,
Cumpria-se afinal dentro de mim
O próprio sofrimento da Substância!

Como quem traz ao dorso muitas cargas
Eu sofria, ao colher simples gardênia,
A multiplicidade heterogênea
De sensações diversamente amargas.

Mas das árvores, frias como lousas,
Fluía, horrenda e monótona, uma voz
Tão grande, tão profunda, tão feroz
Que parecia vir da alma das cousas:

"Se todos os fenômenos complexos,
Desde a consciência à antítese dos sexos
Vêm de um dínamo fluídico de gás,
Se hoje, obscuro, amanhã píncaros galgas,
A humildade botânica das algas
De que grandeza não serás capaz?!

Quem sabe, enquanto Deus, Jeová ou Siva
Oculta à tua força cognitiva
Fenomenalidades que hão de vir,
Se a contração que hoje produz o choro
Não há de ser no século vindouro
Um simples movimento para rir?!

Que espécies outras, do Equador aos polos,
Na prisão milenária dos subsolos,
Rasgando avidamente o húmus malsão,
Não trabalham, com a febre mais bravia,
Para erguer, na ânsia cósmica, a Energia
A última etapa da objetivação?!

É inútil, pois, que, a espiar enigmas, entres
Na química genésica dos ventres,
Porque em todas as cousas, afinal,
Crânio, ovário, montanha, árvore, *iceberg*,
Tragicamente, diante do Homem, se ergue
A esfinge do Mistério Universal!

A própria força que em teu Ser se expande,
Para esconder-se nessa esfinge grande,
Deu-te (oh! mistério que se não traduz!)
Neste astro ruim de tênebras e abrolhos
A efeméride orgânica dos olhos
E o simulacro atordoador da Luz!

Por isto, oh! filho dos terráqueos limos,
Nós, arvoredos desterrados, rimos
Das vãs diatribes com que aturdes o ar...
Rimos, isto é, choramos, porque, em suma,
Rir da desgraça que de ti ressuma
É quase a mesma cousa que chorar!"

Às vibrações daquele horrível carme
Meu dispêndio nervoso era tamanho
Que eu sentia no corpo um vácuo estranho
Como uma boca sôfrega a esvaziar-me!

Na avançada epiléptica dos medos
Cria ouvir, a escalar Céus e apogeus,
A voz cavernosíssima de Deus,
Reproduzida pelos arvoredos!

Agora, astro decrépito, em destroços,
Eu, desgraçadamente magro, a erguer-me,
Tinha necessidade de esconder-me
Longe da espécie humana, com os meus ossos!

Restava apenas na minha alma bruta
Onde frutificara outrora o Amor

Uma volicional fome interior
De renúncia budística absoluta!

Porque, naquela noite de ânsia e inferno,
Eu fora, alheio ao mundanário ruído,
A maior expressão do homem vencido
Diante da sombra do Mistério Eterno!

A NOITE

A nebulosidade ameaçadora
Tolda o éter, mancha a gleba, agride os rios
E urde amplas teias de carvões sombrios
No ar que álacre e radiante, há instantes, fora.

A água transubstancia-se. A onda estoura
Na negridão do oceano e entre os navios
Troa bárbara zoada de ais bravios,
Extraordinariamente atordoadora.

À custódia do anímico registro
A planetária escuridão se anexa...
Somente, iguais a espiões que acordam cedo,

Ficam brilhando com fulgor sinistro
Dentro da treva omnímoda e complexa
Os olhos fundos dos que estão com medo!

A OBSESSÃO DO SANGUE

Acordou, vendo sangue... Horrível! O osso
Frontal em fogo... Ia talvez morrer,
Disse. Olhou-se no espelho. Era tão moço,
Ah! Certamente não podia ser!

Levantou-se. E, eis que viu, antes do almoço,
Na mão dos açougueiros, a escorrer
Fita rubra de sangue muito grosso,
A carne que ele havia de comer!

No inferno da visão alucinada,
Viu montanhas de sangue enchendo a estrada,
Viu vísceras vermelhas pelo chão...

E amou, com um berro bárbaro de gozo,
O monocromatismo monstruoso
Daquela universal vermelhidão!

Vox victimae

Morto! Consciência quieta haja o assassino
Que me acabou, dando-me ao corpo vão
Esta volúpia de ficar no chão
Fruindo na tabidez sabor divino!

Espiando o meu cadáver resupino,
No mar da humana proliferação,
Outras cabeças aparecerão
Para compartilhar do meu destino!

Na festa genetlíaca do Nada,
Abraço-me com a terra atormentada
Em contubérnio convulsionador...

E ai! Como é boa esta volúpia obscura
Que une os ossos cansados da criatura
Ao corpo ubiqüitário do Criador!

O último número

Hora da minha morte. Hirta, ao meu lado,
A Ideia estertorava-se... No fundo
Do meu entendimento moribundo
Jazia o Último Número cansado.

Era de vê-lo, imóvel, resignado,
Tragicamente de si mesmo oriundo,
Fora da sucessão, estranho ao mundo,
Com o reflexo fúnebre do Increado:

Bradei: — Que fazes ainda no meu crânio?
E o Último Número, atro e subterrâneo,
Parecia dizer-me: "É tarde, amigo!

Pois que a minha ontogênica Grandeza
Nunca vibrou em tua língua presa,
Não te abandono mais! Morro contigo!"

Poemas esquecidos*

Mágoas

Quando nasci, num mês de tantas flores,
Todas murcharam, tristes, languorosas,
Tristes fanaram redolentes rosas,
Morreram todas, todas sem olores.

Mais tarde da existência nos verdores
Da infância nunca tive as venturosas
Alegrias que passam bonançosas,
Oh! minha infância nunca tive flores!

Volvendo à quadra azul da mocidade,
Minh'alma levo aflita à Eternidade,
Quando a morte matar meus dissabores.

Cansado de chorar pelas estradas,
Exausto de pisar mágoas pisadas,
Hoje eu carrego a cruz de minhas dores!

14/1/1900 (*O Comércio*, de 17/1/1901).

---

* Poemas reunidos por De Castro e Silva, nas obras: *Augusto dos Anjos, o poeta da morte e da melancolia,* Curitiba, 1944, e *Augusto dos Anjos, o poeta e o homem,* Belo Horizonte, 1954, mas aqui apresentados na versão textual das fontes indicadas ao fim de cada um.

O CONDENADO

Folga a Justiça e geme a natureza

Bocage

Alma feita somente de granito,
Condenada a sofrer cruel tortura
Pela rua sombria d'amargura
— Ei-lo que passa — réprobo maldito.

Olhar ao chão cravado e sempre fito,
Parece contemplar a sepultura
Das suas ilusões que a desventura
Desfez em pó no hórrido delito.

E, à cruz da expiação subindo mudo,
A vida a lhe fugir já sente prestes
Quando ao golpe do algoz, calou-se tudo.

O mundo é um sepulcro de tristeza.
Ali, por entre matas de ciprestes,
Folga a justiça e geme a natureza.

14/1/1901 (*O Comércio*, de 18/1/1901).

SONETO

Ouvi, senhora, o cântico sentido
Do coração que geme e s'estertora
N'ânsia letal que mata e que o devora
E que tornou-o assim, triste e descrido.

Ouvi, senhora, amei; de amor ferido,
As minhas crenças que alentei outrora
Rolam dispersas, pálidas agora,
Desfeitas todas num guaiar dorido.

E como a luz do sol vai-se apagando!
E eu, triste, triste pela vida afora,
Eterno pegureiro caminhando,

Revolvo as cinzas de passadas eras,
Sombrio e mudo e glacial, senhora,
Como um coveiro a sepultar quimeras!

23/1/1901 (*O Comércio*, de 28/1/1901).

Infeliz

Alma viúva das paixões da vida,
Tu que, na estrada da existência em fora,
Cantaste e riste, e na existência agora
Triste soluças a ilusão perdida;

Oh! Tu, que na grinalda emurchecida
De teu passado de felicidade
Foste juntar os goivos da Saudade
Às flores da Esperança enlanguescida;

Se nada te aniquila o desalento
Que te invade, e pesar negro e profundo,
Esconde à Natureza o sofrimento,

E fica no teu ermo entristecida,
Alma arrancada do prazer do mundo,
Alma viúva das paixões da vida.

4/2/1901 (*O Comércio,* de 11/2/1901).

Soneto

N'augusta solidão dos cemitérios,
Resvalando nas sombras dos ciprestes,
Passam meus sonhos sepultados nestes
Brancos sepulcros, pálidos, funéreos.

São minhas crenças divinais, ardentes
— Alvos fantasmas pelos merencórios
Túmulos tristes, soturnais, silentes,
Hoje rolando nos umbrais marmóreos,

Quando da vida, no eternal soluço,
Eu choro e gemo e triste me debruço
Na laje fria dos meus sonhos pulcros,

Desliza então a lúgubre coorte.
E rompe a orquestra sepulcral da morte,
Quebrando a paz suprema dos sepulcros.

(*O Comércio*, de 14/2/1901.)

Noivado

Os namorados ternos suspiravam,
Quando há de ser o venturoso dia?!
Quando há de ser?! O noivo então dizia
E a noiva e ambos de amores se embriagavam.

E a mesma frase o noivo repetia;
Fora no campo pássaros trinavam,
Quando há de ser?! E os pássaros falavam,
Há de chegar, a brisa respondia.

Vinha rompendo a aurora majestosa,
Dos rouxinóis ao sonoroso harpejo
E a luz do sol vibrava esplendorosa.

Chegara enfim o dia desejado,
Ambos unidos, soluçara um beijo,
Era o supremo beijo de noivado!

(*O Comércio*, de 26/2/1901.)

Soneto

No meu peito arde em chamas abrasada
A pira da vingança reprimida,
E em centelhas de raiva ensurdecida
A vingança suprema e concentrada

E espuma e ruge a cólera entranhada,
Como no mar a vaga embravecida
Vai bater-se na rocha empedernida,
Espumando e rugindo em marulhada

Mas se das minhas dores ao calvário,
Eu subo na atitude dolorida
De um Cristo a redimir um mundo vário,

Em luta co'a natura sempiterna,
Já que do mundo não vinguei-me em vida,
A morte me será vingança eterna.

(*O Comércio,* de 27/2/1901.)

Triste regresso

A Dias Paredes

Uma vez um poeta, um tresloucado,
Apaixonou-se d'uma virgem bela;
Vivia alegre o vate apaixonado,
Louco vivia, enamorado dela.

Mas a Pátria chamou-o. Era soldado,
E tinha que deixar pra sempre aquela
Meiga visão, olímpica e singela?!
E partiu, coração amargurado.

Dos canhões ao ribombo, e das metralhas,
Altivo lutador, venceu batalhas,
Juncou-lhe a fronte aurifulgente estrela.

E voltou, mas a fronte aureolada,
Ao chegar, pendeu triste e desmaiada,
No sepulcro da loura virgem bela.

27/2/1901 [*sic*] (*O Comércio,* de 30/1/1901).

Amor e religião

Conheci-o: era um padre, um desses santos
Sacerdotes da Fé de crença pura,
Da sua fala na eternal doçura
Falava o coração. Quantos, oh! Quantos

Ouviram dele frases de candura
Que d'infelizes enxugavam prantos!
E como alegres não ficaram tantos
Corações sem prazer e sem ventura!

No entanto dizem que este padre amara.
Morrera um dia desvairado, estulto,
Sua alma livre para o céu se alara.

E Deus lhe disse: "És duas vezes santo,
Pois se da Religião fizeste culto,
Foste do amor o mártir sacrossanto".

(*O Comércio*, de 12/3/1901.)

Soneto

Ao meu prezado irmão Alexandre Júnior
pelas nove primaveras que hoje completou.

Canta no espaço a passarada e canta
Dentro do peito o coração contente,
Tua alma ri-se descuidosamente,
Minh'alma alegre no teu rir se encanta.

Irmão querido, bom Papá, consente
Que neste dia de ventura tanta
Vá, num abraço de ternura santa,
Mostrar-te o afeto que meu peito sente.

Somente assim festejarei teus anos;
Enquanto outros que podem, dão-te enganos,
Joias, bonecos de formoso busto,

Eu só encontro no primor da rima
A justa oferta, a joia que te exprima
O amor fraterno do teu mano

Augusto.
Em 28 de abril de 1901
(*In* De Castro e Silva, *Augusto dos Anjos — o poeta e o homem,* pág. 117; texto estabelecido sobre autógrafo).

Saudade

Hoje que a mágoa me apunhala o seio,
E o coração me rasga atroz, imensa,
Eu a bendigo da descrença em meio,
Porque eu hoje só vivo da descrença.

À noite quando em funda soledade
Minh'alma se recolhe tristemente,

Pra iluminar-me a alma descontente,
Se acende o círio triste da Saudade.

E assim afeito às mágoas e ao tormento,
E à dor e ao sofrimento eterno afeito,
Para dar vida à dor e ao sofrimento,

Da Saudade na campa enegrecida
Guardo a lembrança que me sangra o peito,
Mas que no entanto me alimenta a vida.

(*O Comércio*, Paraíba, 22/5/1901.)

A ESMOLA DE DULCE

(Ao Alfredo A.)

E todo o dia eu vou como um perdido
De dor, por entre a dolorosa estrada,
Pedir a Dulce, a minha bem amada
A esmola dum carinho apetecido.

E ela fita-me, o olhar enlanguescido,
E eu balbucio trêmula balada:
— Senhora dai-me uma esmola — e estertorada
A minha voz soluça num gemido.

Morre-me a voz, e eu gemo o último harpejo,
Estendendo à Dulce a mão, a fé perdida,
E dos lábios de Dulce cai um beijo.

Depois, como este beijo me consola!
Bendita seja a Dulce! A minha vida
Estava unicamente nessa esmola.

(*O Comércio*, 14/1/1902.)

Soneto

Gênio das trevas lúgubres, acolhe-me,
Leva-me o espírito dessa luz que mata,
E a alma me ofusca e o peito me maltrata,
E o viver calmo e sossegado tolhe-me!

Leva-me, obumbra-me em teu seio, acolhe-me
Na asa da Morte redentora, e à ingrata
Luz deste mundo em breve me arrebata
E num *pallium* de tênebras recolhe-me!

Aqui há muita luz e muita aurora,
Há perfumes de amor — venenos d'alma —
E eu busco a plaga onde o repouso mora,

E as trevas moram, e, onde d'água raso
O olhar não trago, nem me turba a calma
A aurora deste amor que é o meu ocaso!

(*O Comércio*, 1/2/1902.)

O mar

O mar é triste como um cemitério;
Cada rocha é uma eterna sepultura
Banhada pela imácula brancura
De ondas chorando num alvor etéreo.

Ah! dessas vagas no bramir funéreo
Jamais vibrou a sinfonia pura
Do Amor; lá, só descanta, dentre a escura
Treva do oceano, a voz do meu psaltério!

Quando a cândida espuma dessas vagas,
Banhando a fria solidão das fragas,
Onde a quebrar-se tão fugaz se esfuma,

Reflete a luz do sol que já não arde,
Treme na treva a púrpura da tarde,
Chora a Saudade envolta nesta espuma!

Pau d'Arco, 1902 (*O Comércio*, 26/2/1902).

Soneto

Aurora morta, foge! Eu busco a virgem loura
Que fugiu-me do peito ao teu clarão de morte
E Ela era a minha estrela, o meu único Norte,
O grande Sol de afeto — o Sol que as almas doura!

Fugiu... e em si levou a Luz consoladora
Do amor — esse clarão eterno d'alma forte
Astro da minha Paz, Sírius da minha Sorte
E da Noite da vida a Vênus redentora.

Agora, oh! minha Mágoa, agita as tuas asas,
Vem! Rasga deste peito as nebulosas gazas
E, num pálio auroral de Luz deslumbradora,

Ascende à Claridade. Adeus oh! Dia escuro,
Dia do meu Passado! Irrompe, meu Futuro;
Aurora morta, foge — eu busco a virgem loura!

Pau d'Arco, 1902 (*O Comércio*, 1/3/1902).

Soneto

Canta teu riso esplêndido sonata,
E há, no teu riso de anjos encantados,
Como que um doce tilintar de prata
E a vibração de mil cristais quebrados.

Bendito o riso assim que se desata
— Cítara suave aos apaixonados,
Sonorizando os sonhos já passados,
Cantando sempre em trínula volata!

Aurora ideal dos dias meus risonhos,
Quando, úmido de beijos em ressábios
Teu riso esponta, despertando sonhos...

Ah! Num delíquio de ventura louca,
Vai-se minh'alma toda nos teus beijos,
Ri-se o meu coração na tua boca!

Pau d'Arco, 1902 (*O Comércio,* 8/3/1902).

Cravo de noiva

Ao Dias Paredes

Cravo de noiva. A nívea cor de cera
Que o seu seio branqueja, é como os prantos
Níveos, que a virgem chora, entre os encantos
Dum noivado risonho em primavera.

Flor de mistérios d'alma, sacrossantos,
Guarda segredos divinais que eu dera
Duas vidas, se duas eu tivera
Pra desvendar os seus segredos santos.

E tudo quer que nessa flor se enleve
O poeta. É que dessa concha armínea,
Da lactescência angélica da neve,

Se evolam castos, virginais aromas
De essência estranha; olências de virgínea
Carne fremindo num languor de pomas.

Pau d'Arco, 1902 (*O Comércio*, 16/3/1902).

Plenilúnio

Desmaia o plenilúnio. A gaze pálida
Que lhe serve de alvíssimo sudário
Respira essências raras, toda a cálida
Mística essência desse alampadário.

E a lua é como um pálido sacrário,
Onde as almas das virgens em crisálida
De seios alvos e de fronte pálida,
Derramam a urna dum perfume vário.

Voga a lua na etérea imensidade!
Ela, eterna noctâmbula do Amor,
Eu, noctâmbulo da Dor e da Saudade.

Ah! Como a branca e merencórea lua,
Também envolta num sudário — a Dor,
Minh'alma triste pelos céus flutua!

Pau d'Arco, 1902 (*O Comércio,* 16/3/1902).

Dolências

Oh! Lua morta de minha vida,
Os sonhos meus
Em vão te buscam, andas perdida
E eu ando em busca dos rastos teus.

Vago sem crenças, vagas sem norte,
Cheia de brumas e enegrecida,
Ah! Se morreste pra minha vida!
Vive, consolo de minha morte!

Baixa, portanto, coração ermo
De lua fria

À plaga triste, plaga sombria
Dessa dor lenta que não tem termo.

Tu que tombaste no caos extremo
Da Noite imensa do meu Passado,
Sabes da angústia do torturado...
Ah! Tu bem sabes por que é que eu gemo!

Instilo mágoas saudoso, e enquanto
Planto saudades num campo morto,
Ninguém ao menos dá-me um conforto,
Um só ao menos! E no entretanto

Ninguém me chora! Ah! Se eu tombar
Cedo na lida...
Oh! Lua fria vem me chorar
Oh! Lua morta da minha vida!

Paraíba, 1902 (*O Comércio*, 21/3/1902).

Cítara mística

Cantas... e eu ouço etérea cavatina!
Há nos teus lábios — dois sangrentos círios —
A gêmea florescência de dois lírios
Entrelaçados numa unção divina.

Como o santo levita dos Martírios,
Rendo piedosa dúlia peregrina
À tua doce voz que me fascina,
— Harpa virgem brandindo mil delírios!

Quedo-me aos poucos, penseroso e pasmo,
E a Noite afeia como num sarcasmo
E agora a sombra vesperal morreu...

Chegou a Noite... e para mim, meu anjo,
Teu canto agora é um psalmodiar de arcanjo,
É a música de Deus que vem do Céu!

(*O Comércio*,10/5/1902.)

Súplica num túmulo

Maria, eis-me a teus pés. Eu venho arrependido,
Implorar-te o perdão do imenso crime meu!
Eis-me, pois, a teus pés, perdoa o teu vencido,
Açucena de Deus, lírio morto do Céu!

Perdão! E a minha voz estertora um gemido,
E o lábio meu pra sempre apartado do teu
Não há de beijar mais o teu lábio querido!
Ah! Quando tu morreste, o meu Sonho morreu!

Perdão, pátria da Aurora exilada do Sonho!
— Irei agora, assim, pelo mundo, para onde
Me levar o Destino abatido e tristonho...

Perdão! E este silêncio e esta tumba que cala!
Insânia, insânia, insânia, ah! Ninguém me responde.
Perdão! e este sepulcro imenso que não fala!

(*O Comércio*, 18/5/1902.)

Afetos

Bendito o amor que infiltra n'alma o enleio
E santifica da existência o cardo,
— Amor que é mirra e que é sagrado nardo,
Turificando a languidez dum seio!

O amor, porém, que da Desgraça veio
Maldito seja, seja como o fardo
Desta descrença funeral em que ardo
E com que o fogo da paixão ateio!

Funambulescamente a alma se atira
À luta das paixões, e, como a Aurora
Que ao beijo vesperal anseia e expira,

Desce para a alma o ocaso da Carícia
Ora em sonhos de Dor, supremos, e ora
Em contorções supremas de Delícia!

(*O Comércio*, 28/5/1902.)

Martírio supremo

Duma Quimera ao fascinante abraço,
Por um Cocito ardente e luxurioso,
Onde nunca gemeu o humano passo,
Transpus um dia o Inferno Azul do Gozo!

O amor em lavas de candência d'aço,
Banhou-me o peito... Em ânsia de repouso,
Da Messalina fria no regaço,
Chora saudades do terreno pouso!

Como um mártir de estranho sacrifício,
Tinha os lábios crestados pela ardência
Da luz letal do grande Sol do Vício!

E mergulhei mais fundo no estuário...
Mas, no Inferno do Gozo, sem Calvário,
Cristo d'amor morri pela Inocência!

(*O Comércio*, 7/6/1902.)

Régio

Festa no paço! Noite... e no entretanto
Luzes, flores, clarões por toda a festa
E há nos régios salões, em cada aresta,
Credências d'ouro de supremo encanto.

No baldaquino a orquestra real se apresta
E o áureo dossel finge um relevo santo...
— Bíssios egípcios de alto gosto, a um canto,
Flordilisados de nelumbo e giesta.

Morreu a noite e veio o Sol Eterno
— Âmbar de sangue que desceu do Inferno,
No turbilhão dos alvos raios diurnos...

Brilham no paço refulgências de elmo
E a princesa assomou como um santelmo
Na realeza branca dos coturnos.

(*O Comércio*, 30/10/1902.)

Mártir da fome

Nesta da vida lúgubre caverna
De ossos e frios funerais que eu sinto
Como um chacal saciando o eterno instinto
Vou saciando a minha Fome Eterna.

— Fome de sangue de um Passado extinto,
De extintas crenças — bacanal superna,
Horrível assim como a Hidra de Lerna
E muda como o bronze de Corinto!

Ânsias de sonhos, desespero fundo!
E a alma que sonha no marnel do Mundo,
Morre de Fome pelas noites belas...

E como o Cristo — o Mártir do Calvário
Morre. E no entanto vai para o estelário
Matar a Fome num festim de estrelas!

(*O Comércio*, 19/12/1902.)

Idealizações

A Santos Neto

I

Em vão flameja, rubro, ígneo, sangrento
O sol; e, fulvos, aos astrais desígnios,
Raios flamejam e fuzilam, ígneos,
Nas chispas fulvas de um vulcão violento!

É tudo em vão! Atrás da luz dourada,
Negras, pompeam (triste maldição!)
— Asas de corvo pelo coração...
— Crepúsculo fatal vindo do Nada!

Que importa o Sol! A Treva, a Sombra — eis tudo!
E no meu peito — condensada treva —
A Sombra desce, e o meu pesar se eleva
E chora e sangra, mudo, mudo, mudo...

E há no meu peito — ocaso nunca visto,
Martirizado porque nunca dorme
As Sete Chagas dum martírio enorme,
E os Sete Passos que magoaram Cristo!

II

Agora dorme o astro de sangue e de ouro
Como um sultão cansado!

As nuvens como Odaliscas, da Noite ao negro assomo
Beijam-lhe o corpo ensanguentado d'ouro.

Legiões de névoas mortas e finadas
Como fragmentações d'ouro e basalto
Lembram guirlandas pompeando no Alto
Eterizadas, volaterizadas.

E a Noite emerge, santa e vitoriosa
Dentre um velarium de veludos. Atros,
Descem os nimbos... No ar há malabatros
Turiferando a negridão tediosa.

Além, dourando as névoas dos espaços,
Na majestade dum condor bendito,
Subindo à majestade do Infinito,
A via-láctea vai abrindo os braços!

Áureas estrelas, alvas, luminosas,
Trazem no peito o branco das manhãs
E dormem brancas como, leviatãs
Sobre, o oceano astral das nebulosas.

Eu amo a noite que este Sol arranca!
Namoro estrelas... Sírius me deslumbra,
Vésper me encanta, e eu beijo na penumbra
A imagem lirial da Noite Branca.

III

De novo, a Aurora, entre esplendores, hade
Alva, se erguer, como tombou outrora,
E como a Aurora — o Sol — hóstia da Aurora,
Abençoada pela Eternidade!

E ei-lo de novo, ontem moribundo,
Hoje de novo, curvo ao seu destino,

Fantástico, ciclópico, assassino
Ébrio de fogo, dominando o mundo!

Mas de que serve o Sol, se triste em cada
Raio que tomba no marnel da terra,
Mais em meu peito uma ilusão se enterra,
Mais em minh'alma um desespero brada?!

De que serve, se, à luz áurea que dele
Emana e estua e se refrange e ferve,
A Mágoa ferve e estua, de que serve
Se é desespero e maldição todo ele?!

Pois, de que serve, se, aclarando os cerros
E engalanando os arvoredos gaios,
A alma se abate, como se esses raios
N'alma caindo, se tornassem ferros?!

IV

Poeta, em vão na luz do sol te inflamas,
E nessa luz queimas-te em vão!
És todo Pó, e hás de ser após as chamas, lodo,
Como Herculanum foi após as chamas.

Ah! Como tu, em lodo tudo acaba,
O leão, o tigre, o mastodonte, a lesma,
Tudo por fim há de acabar na mesma
Tênebra que hoje sobre ti desaba.

Ninguém se exime dessa lei imensa
Que, em plena e fulva reverberação,
Arrasta as almas pela Escuridão,
E arrasta os corações pela Descrença.

Ergue, pois, poeta, um pedestal de tanta
Treva e dor tanta, e num supremo e insano

E extraordinário e grande e sobre-humano
Esforço, sobe ao pedestal, e... canta!

Canta a Descrença que passou cortando
As tuas ilusões pelas raízes,
E em vez de chagas e de cicatrizes
Deixar, foi valas funerais deixando.

E foi deixando essas funéreas, frias,
Medonhas valas, onde, como abutres
Medonhos, de ossos, de ilusões te nutres,
Vives de cinzas e de ruinarias!

V

Agora é noite! E na estelar coorte,
Como recordação da festa diurna,
Geme a pungente orquestração noturna
E chora a fanfarra triunfal da Morte.

Então, a Lua que no céu se espalha,
Iluminando as serranias, banha
As serranias duma luz estranha,
Alva como um pedaço de mortalha!

Nessa música que a alma me ilumina
Tento esquecer as minhas próprias dores,
Canto, e minh'alma cobre-se de flores
— Fera rendida à música divina.

Harpas concertam! Brandas melodias
Plangem... Silêncio! Mas de novo as harpas
Reboam pelo mar, pelas escarpas,
Pelos rochedos, pelas penedias...

Eu amo a Noite que este Sol arranca!
Namoro estrelas... Sírius me deslumbra,

Vésper me encanta, e eu beijo na penumbra
A imagem lirial da Noite Branca!

(*O Comércio*, 19/8/1903.)

Festival

Para Jônatas Costa

Címbalos soam no salão. O dia
Foge, e ao compasso de arrabis serenos
A valsa rompe, em compassados trenos
Sobre os veludos da tapeçaria.

Estatuetas de mármore de Lemnos
Estão dispostas numa simetria
Inconfundível, recordando a estria
Dos corpos níveos de Afrodite e Vênus.

Fulgem por entre mil cristais vermelhos
O alvo cristal dos nítidos espelhos
E a seda verde dos arbustos glabros.

E em meio às refrações verdes e hialinas,
Vibra, batendo em todas as retinas,
A incandescência irial dos candelabros.

(*O Comércio*, 27/10/1904.)

A vitória do espírito

Era uma preta, funeral mesquita,
Abandonada aos lobos e aos leopardos
Numa floresta lúgubre e esquisita.

Engalanava-lhe as paredes frias
Uma coroa de urzes e de cardos
Coberta em pálio pelas laçarias.

Uma vez, aos lampejos derradeiros
Das irisadas vespertinas velas,
Feras rompiam tojos e balseiros,

E pelas catacumbas desprezadas,
Mochos vagavam como sentinelas,
Em atalaia as gerações passadas!

Um crepúsculo imenso, nunca visto
Tauxiava o Céu de grandes vidros roxos
Da mesma cor da túnica de Cristo.

Fulgia em tudo uma estriação violeta
E um violáceo clarão banhava os mochos
Que em torno estavam da mesquita preta.

Já na eminência da amplidão sidérea
Como uma umbela, se desenrolava
A esteira astral da retração etérea.

Os astros mortos refulgiam vivos
E a noite, ampla e brilhante, rutilava
Lantejoulada de opalinos crivos.

Súbito alguém, o passo constrangendo,
Parou em frente da mesquita morta.
— Um vento frio começou gemendo.

Era uma viúva, e o olhar errante, a viúva,
Em passo lento, foi transpondo a porta,
Eternamente aberta ao sol e à chuva.

A Lua encheu o espaço sem limites
E, dentro, nos altares esboroados,
Foram caindo como estalactites

Sobre o oiro e a prata das alfaias priscas,
Um dilúvio de fósforos pirateados
E uma chuva doirada de faíscas.

Fora, entretanto, por um chão de onagras
Vinha passeando como numa viagem
Um grupo feio de panteras magras.

E havia no atro olhar dessas panteras
Essa alegria douda da carnagem.
Que é a alegria única das feras.

E ardendo na impulsão das ânsias doudas
E em sevas fúrias infernais ardendo
Todas as feras, as panteras todas

Avançam para a viúva desvalida.
E raivosas, contra ela, arremetendo,
Tiram-lhe todas ali mesmo a vida.

Morria a noite. As flâmulas altivas
Do sol nascente erguiam-se vermelhas,
Como uma exposição de carnes vivas.

E iam cair em pérolas de sangue
Sobre as asas doiradas das abelhas,
E sobre o corpo da viúva exangue.

A Natureza celebrava a festa
Do astro glorioso em cantos e baladas
— O próprio Deus cantava na floresta!

Nos arvoredos rejuvenecidos,
Estrugiam canções desesperadas
De misereres e de sustenidos.

Além, entanto, na redoma clara
Que envolve a porta da região etérea,
O espírito da viúva se quedara

Ao contemplar dessa fulgente porta
E dessa clara e alva redoma aérea,
No desfilar de sua carne morta
A transitoriedade da matéria!

(*O Comércio*, 5/11/1904.)

Noturno

Chove. Lá fora os lampiões escuros
Semelham monjas a morrer... Os ventos,
Desencadeados, vão bater, violentos,
De encontro às torres e de encontro aos muros.

Saio de casa. Os passos mal seguros
Trêmulo movo, mas meus movimentos
Susto, diante do vulto dos conventos,
Negro, ameaçando os séculos futuros!

De São Francisco no plangente bronze
Em badaladas compassadas onze
Horas soaram... Surge agora a Lua.

E eu sonho erguer-me aos páramos etéreos
Enquanto a chuva cai rios cemitérios
E o vento apaga os lampiões da rua!

(*O Comércio*, 17/11/1904.)

Soneto

(Feito no decurso de dois minutos, em homenagem ao aniversário natalício de Alexandre Rodrigues dos Anjos — 28 de abril de 1905.)

Para quem tem na vida compreendido
Toda a grandeza da Fraternidade
O aniversário dum irmão querido
A alma de alegres emoções invade.

Depois quando no irmão estremecido
Fazem aliança o gênio e a probidade,
Atinge o amor um grau nunca atingido
No termômetro santo da Amizade.

O Alexandre dos Anjos merecia
Grandes coroas nesse grande dia,
Tesouros reais, auríferos tesouros...

Terá no entanto indubitavelmente
A admiração do século presente
E a sagração dos séculos vindouros!

(Lição textual sobre autógrafo.)

O negro

Oh! Negro, oh! Filho da Hotentótia ufana
Teus braços brônzeos como dois escudos,
São dois colossos, dois gigantes mudos,
Representando a integridade humana!

Nesses braços de força soberana
Gloriosamente à luz do sol desnudos

Ao bruto encontro dos ferrões agudos
Gemeu por muito tempo a alma africana!

No colorido dos teus brônzeos braços,
Fulge o fogo mordente dos mormaços
E a chama fulge do solar brasido...

E eu cuido ver os múltiplos produtos
Da Terra — as flores e os metais e os frutos
Simbolizados nesse colorido!

(*O Comércio*, 24/5/1905.)

Senectude precoce

Envelheci. A cal da sepultura
Caiu por sobre a minha mocidade...
E eu que julgava em minha idealidade.
Ver ainda toda a geração futura!

Eu que julgava! Pois não é, verdade?!
Hoje estou velho. Olha essa neve pura!
— Foi saudade? Foi dor? — Foi tanta agrura
Que eu nem sei se foi dor ou foi saudade!

Sei que durante toda a travessia
Da minha infância trágica, vivia,
Assim como uma casa abandonada.

Vinte e quatro anos em vinte e quatro horas.
Sei que na infância nunca tive auroras,
E afora disto, eu já nem sei mais nada!

Pau d'Arco, 1905 (*O Comércio*, 28/7/1905).

André Chénier

Na real magnificência dos gigantes
Grave como um lacedemônio harmoste
André Chénier ia subir ao poste
A que Luís XVI subira dantes!

Que a sua morte a homem nenhum desgoste
E incite o heroísmo das nações distantes!...
Por isso, ele, a morrer, canta vibrantes
Versos divinos que arrebatam a hoste.

Não há quem nele um só tremor denote!
— Continua a cantar, a alma serena...
Mas, de repente, pressentindo a lousa,

Batendo com a cabeça no barrote
Da guilhotina, diz ao povo: — "É pena!
Aqui ainda havia alguma cousa..."

Pau d'Arco, 1905 (*O Comércio*, 12/9/1905).

Mystica visio

Vinha passando pelo meu caminho
Um vulto estranhamente iluminado...
Para onde eu ia, o vulto ia a meu lado
E desde então, não andei mais sozinho!

Abraçou-me, beijou-me com um carinho
Que a um ser divino não seria dado...
E eu me elevava, sendo assim beijado
Muito acima do humano borborinho!

Falou-me de ilusões e de luares,
Da tribo alegre que povoa os ares...
— Assombrava-me aquela claridade!

Mas através daquelas falsas luzes
Pude rever enfim todas as cruzes
Que tem pesado sobre a Humanidade!

Pau d'Arco, 1905 (*O Comércio*, 15/9/1905).

Ilusão

Dizes que sou feliz. Não mentes. Dizes
Tudo que sentes. A infelicidade
Parece às vezes com a felicidade
E os infelizes mostram ser felizes!

Assim, em Tebas — a tumbal cidade,
A múmia de um herói do tempo de Ísis,
Ostenta ainda as mesmas cicatrizes
Que eternizaram sua heroicidade!

Quem vê o herói ainda com o braço altivo,
Diz que ele não morreu, diz que ele é vivo,
E, persuadido fica do que diz...

Bem corno tu, que nessa crença infinda
Feliz me viste no Passado, e ainda
Te persuades de que sou feliz!

Pau d'Arco, 1905 (*O Comércio*, 18/9/1905).

Canto íntimo

Meu amor, em sonhos erra,
Muito longe, altivo e ufano
Do barulho do oceano
E do gemido da terra!

O Sol está moribundo.
Um grande recolhimento
Preside neste momento
Todas as forças do Mundo

De lá, dos grandes espaços,
Onde há sonhos inefáveis
Vejo os vermes miseráveis
Que hão de comer os meus braços.

Ah! Se me ouvisses falando!
(E eu sei que às dores resistes)
Dir-te-ia coisas tão tristes
Que acabarias chorando.

Que mal o amor me tem feito!
Duvidas?! Pois, se duvidas,
Vem cá, olha estas feridas,
Que o amor abriu no meu peito.

Passo longos dias, a esmo...
Não me queixo mais da sorte
Nem tenho medo da Morte
Que eu tenho a Morte em mim mesmo!

"Meu amor, em sonhos, erra,
Muito longe, altivo e ufano
Do barulho do oceano
E do gemido da terra!"

Pau d'Arco, 1905 (*O Comércio*, 14/10/1905).

A LUVA

Para o Augusto Belmont

Pensa na glória! Arfa-lhe o peito, opresso.
— O pensamento é uma locomotiva
Tem a grandeza duma força viva
Correndo sem cessar para o Progresso.

Que importa que, contra ele, horrendo e preto
O áspide abjeto do Pesar se mova!...
E só, no quadrilátero da alcova,
Vem-lhe à imaginação este soneto:

"A princípio escrevia simplesmente
Para entreter o espírito... Escrevia
Mais por impulso de idiosincrasia
Do que por uma propulsão consciente.

Entendi, depois disso, que devia,
Como Vulcano, sobre a forja ardente
Da ilha de Lemnos, trabalhar contente,
Durante as vinte e quatro horas do dia!

Riam de mim, os monstros zombeteiros.
Trabalharei assim dias inteiros,
Sem ter uma alma só que me idolatre.

Tenha a sorte de Cícero proscrito
Ou morra embora, trágico e maldito,
Como Camões morrendo sobre um catre!"

Nisto, abre, em ânsias, a tumbal janela
E diz, olhando o céu que além se expande:
"— A maldade do mundo é muito grande,
Mas meu orgulho ainda é maior do que ela!

Ruja a boca danada da profana
Coorte dos homens, com o seu grande grito,
Que meu orgulho do alto do Infinito
Suplantará a própria espécie humana!

Quebro montanhas e aos tufões resisto
Numa absoluta impassibilidade",
E como um desafio à Eternidade
Atira a luva para o próprio Cristo!

Chove. Sobre a cidade geme a chuva,
Batem-lhe os nervos, sacudindo-o todo,
E na suprema convulsão o doudo
Parece aos astros atirar a luva!

Paraíba, 1905 (*O Comércio*, 28/11/1905).

Gozo insatisfeito

Entre o gozo que aspiro, e o sofrimento
De minha mocidade, experimento
O mais profundo e abalador atrito...
Queimam-me o peito cáusticos de fogo
Esta ânsia de absoluto desafogo
Abrange todo o círculo infinito.

Na insaciedade desse gozo falho
Busco no desespero do trabalho,
Sem um domingo ao menos de repouso,
Fazer parar a máquina do instinto,
Mas, quanto mais me desespero, sinto
A insaciabilidade desse gozo!

Pau d'Arco, 1906 (*O Comércio*, 2/6/1906).

A caridade

No universo a caridade
Em contraste ao vício infando
É como um astro brilhando
Sobre a dor da humanidade!

Nos mais sombrios horrores
Por entre a mágoa nefasta
A caridade se arrasta
Toda coberta de flores!

Semeadora de carinhos
Ela abre todas as portas
E no horror das horas mortas
Vem beijar os pobrezinhos.

Torna as tormentas mais calmas
Ouve o soluço do mundo
E dentro do amor profundo
Abrange todas as almas.

O céu de estrelas se veste
Em fluidos de misticismo
Vibra no nosso organismo
Um sentimento celeste.

A alegria mais acesa
Nossas cabeças invade...
Glória, pois, à Caridade
No seio da Natureza!

ESTRIBILHO

Cantemos todos os anos
Na festa da Caridade
A solidariedade
Dos sentimentos humanos.

(*Gazeta de Leopoldina,* 18/8/1914.)

Guia de leitura

Eu e outras poesias*

Augusto dos Anjos

TEXTO INTEGRAL

Texto para as questões de 1 a 4:

Sonetos

III

Podre meu Pai! A Morte o olhar lhe vidra.
Em seus lábios que os meus lábios osculam
Microrganismos fúnebres pululam
Numa fermentação gorda de cidra.

Duras leis as que os homens e a hórrida hidra
A uma só lei biológica vinculam,
E a marcha das moléculas regulam,
Com a invariabilidade da clepsidra!...

Podre meu Pai! E a mão que enchi de beijos
Roída toda de bichos, como os queijos
Sobre a mesa de orgíacos festins!...

* Para que o professor possa trabalhar o Guia de leitura com os alunos em sala de aula, não publicamos, aqui, o gabarito das questões. No entanto, pode-se obtê-lo entrando em contato conosco pelo telefone: (11) 3672 8144. Disponibilizamos o gabarito apenas para professores.

Amo meu Pai na atômica desordem
Entre as bocas necrófagas que o mordem
E a terra infecta que lhe cobre os rins!

1. Segundo o crítico literário Alfredo Bosi, a poesia de Augusto dos Anjos é "original, paradoxal, até mesmo chocante". Essa afirmação é válida para este soneto? Justifique sua resposta com elementos do texto.

2. Logo na primeira estrofe, o eu lírico faz uma exclamação que, se for lida superficial ou rapidamente, irá gerar mudança de sentido em função da sonoridade de uma palavra. Identifique a exclamação, cite a palavra que pode ser lida erroneamente e comente a alteração de sentido que haveria, caso sua leitura fosse desatenta.

3. Quanto ao aspecto formal, cite duas características do texto que permitem evidenciar o preciosismo em sua composição.

4. Ainda em relação ao aspecto formal, uma das características de Augusto dos Anjos é a adjetivação inusitada, ou seja, a caracterização não usual de um substantivo. Aponte uma ocorrência no soneto e relacione-a com o contexto.

Texto para as questões de 5 a 7:

Vae Victis

A Dor meu coração torça e retorça
E me retalhe como se retalha
Para escárnio e alegria da canalha
Um leão vencido que perdeu a força!

Sobre mim caia essa vingança corsa,
Já que perdi a última batalha!
E, enquanto o Tédio a carne me trabalha,
A Dor meu coração torça e retorça!

Cubra-me o corpo a podridão dos trapos!
Os vibriões, os vermes vis, os sapos
Encontrem nele pábulo eviterno...

— Repositório de milhões de miasmas
Onde se fartem todos os fantasmas,
Primavera, verão, outono, inverno!

5. Considerando que a tradução do título deste soneto é "Ai dos vencidos", o eu lírico está fadado a quais tipos de consequências? Justifique sua resposta com elementos do texto.

6. Qual relação pode ser estabelecida entre a "canalha" e "os vibriões, os vermes vis, os sapos"?

7. No primeiro terceto, por qual palavra "pábulo" pode ser trocada, sem que haja alteração de sentido?

Texto para as questões de 8 a 10:

Os doentes

I

Como uma cascavel que se enroscava,
A cidade dos lázaros dormia...
Somente, na metrópole vazia,
Minha cabeça autônoma pensava!

Mordia-me a obsessão má de que havia,
Sob os meus pés, na terra onde eu pisava,
Um fígado doente que sangrava
E uma garganta órfã que gemia!

Tentava compreender com as conceptivas
Funções do encéfalo as substâncias vivas
Que nem Spencer, nem Haeckel compreenderam...

E via em mim, coberto de desgraças,
O resultado de bilhões de raças
Que há muito desapareceram!

8. Augusto dos Anjos é um poeta cuja obra se caracteriza por contrastes. É possível afirmar, neste soneto, que há o contraste entre o objetivismo e o subjetivismo? Justifique sua resposta com elementos do texto.

9. O segundo quarteto também está organizado em um grande contraste. Qual é? Justifique sua resposta com elementos do texto.

10. A conclusão a que o eu lírico chega, após se empenhar de forma bastante cientificista, está relacionada a uma corrente filosófica. Qual é essa corrente? Justifique sua resposta com elementos do texto.

Questões de vestibular

1. (UFRGS) Leia o poema a seguir, intitulado "A Ideia", de Augusto dos Anjos.

De onde ela vem? De que matéria bruta
Vem essa luz que sobre as nebulosas
Cai de incógnitas criptas misteriosas
Como as estalactites(1) duma gruta?!

Vem da psicogenética e alta luta
Do feixe de moléculas(2) nervosas,
Que, em desintegrações maravilhosas,
Delibera, e depois, quer e executa!

Vem do encéfalo absconso que a constringe,
Chega em seguida às cordas da laringe,
Tísica, tênue, mínima, raquítica...

Quebra a força centrípeta que a amarra,
Mas, de repente, e quase morta, esbarra
No mulambo da língua paralítica!

Assinale a alternativa correta sobre esse poema.

a) A interrogação inicial expressa o apego do poeta aos temas sentimentais do Romantismo no Brasil.
b) A linguagem, rica de imagens, utiliza um vocabulário científico para abordar uma questão filosófica.
c) O emprego de palavras como "estalactites" (ref. 1) e "moléculas" (ref. 2) mostra uma inadequação entre a linguagem científica e o conteúdo do poema.

d) O poeta adota a forma do soneto, porém rompe com o temário cientificista dominante no seu tempo.

e) No primeiro quarteto, as palavras "nebulosas" e "misteriosas" constituem rimas pobres, retomadas no segundo quarteto pelas palavras "nervosas" e "maravilhosas".

2. (UEM) Leia o poema a seguir, assinale a(s) alternativa(s) correta(s) e indique o valor correspondente a sua soma.

Ricordanza della mia gioventú (*)

A minha ama de leite Guilhermina
Furtava as moedas que o Doutor me dava.
Sinhá-Mocinha, minha mãe, ralhava...
Via naquilo a minha própria ruína!

Minha ama, então, hipócrita, afetava
Susceptibilidades de menina:
"— Não, não fora ela! —" E maldizia a sina,
Que ela absolutamente não furtava.

Vejo, entretanto, agora, em minha cama,
Que a mim somente cabe o furto feito...
Tu só furtaste a moeda, o ouro que brilha...

Furtaste a moeda só, mas eu, minha ama,
Eu furtei mais, porque furtei o peito
Que dava leite para a tua filha!

(Augusto dos Anjos)

(*) "Lembrança da minha juventude"

1) O narrador desse texto se lembra da juventude com saudades, fazendo uma brincadeira com a ama de leite. Essa saudade é típica do gênero lírico, assim como o são os temas amorosos e a contemplação da natureza.

2) Esse soneto é bastante característico de Augusto dos Anjos, com seu contraste entre os valores efêmeros ("o ouro que brilha") e os eternos (o leite materno, simbolizando o amor e os cuidados de mãe), sua amarga decepção com as falhas humanas e sua linguagem cheia de preciosismos.

4) O soneto tem fortes relações com a vida de Augusto dos Anjos: mulato, pobre, talentoso, não pôde avançar em sua carreira no funcionalismo público por não possuir amigos influentes e por recusar-se a dedicar seus sonetos aos poderosos; tais eram os motivos do seu tom crítico, amargo, retratando a realidade corrupta e medíocre do Brasil, especialmente do Rio de Janeiro. Em razão disso, no poema, faz menções irônicas ao Doutor, à Sinhá-Mocinha, ao ouro corruptor e à hipocrisia.

8) O eu lírico desse texto é bastante típico de Augusto dos Anjos, com sua atitude de desgosto e de desilusão perante os fatos da vida. Contudo, esse soneto não é dos mais típicos de sua obra, uma vez que sua temática sugere um problema social, a exploração da ama, que deixa de alimentar a própria filha para dar o leite a outra criança.

16) O soneto pode ter relações com a vida de Augusto dos Anjos, filho de uma família de antigos senhores de engenho na Paraíba. Mas isso não "explica" seu sentido, que é mais o de uma grande ironia: a ama, que furtava e mentia, é posta sob outra luz, através da memória, quando o menino fala de uma culpa que não pode ser encarada como individual (o menino "furtar" o leite), mas coletiva (a situação social que obrigava a mulher a ganhar a vida vendendo o próprio leite).

32) O narrador faz uso de alguns elementos de época que estão fora de uso hoje: a) a ama de leite, geralmente descendente de escravos, amamentava os filhos de pais ricos; b) a crença de que o leite ajudava a formar o caráter da criança, por isso a mãe do garoto via no furto a "ruína" do filho; c) a menção à sina, que significa "destino", remete a "tirar a sina", crença de que alguns indivíduos com poderes divinatórios poderiam prever com exatidão o destino das crianças; d) a figura da escrava petulante, espertalhona, capaz de furtos e de pequenas malandragens.

3. (PUC) Augusto dos Anjos é autor de um único livro, *Eu*, editado pela primeira vez em 1912. Outras poesias acrescentaram-se às edições posteriores. Considerando a produção literária desse poeta, pode-se dizer que:

a) foi recebida sem restrições no meio literário de sua época, alcançando destaque na história das formas literárias brasileiras.

b) revela uma militância político-ideológica que o coloca entre os principais poetas brasileiros de veio socialista.

c) foi elogiada poeticamente pela crítica de sua época, entretanto não representou um sucesso de público.

d) traduz a sua subjetividade pessimista em relação ao homem e ao cosmos, por meio de um vocabulário técnico--científico-poético.

e) anuncia o Parnasianismo, em virtude das suas inovações técnico-científicas e de sua temática psicanalítica.

4. (MACK)

Budismo moderno

Tome, Dr., esta tesoura, e... corte
Minha singularíssima pessoa.
Que importa a mim que a bicharia roa
Todo o meu coração, depois da morte?

Ah! Um urubu pousou na minha sorte!
Também, das diatomáceas ida lagoa
A criptógama cápsula se esbroa
Ao contato de bronca destra forte!

Dissolva-se, portanto, minha vida
Igualmente a uma célula caída
Na aberração de um óvulo infecundo;

Mas o agregado abstrato das saudades
Fique batendo nas perpétuas grades
Do último verso que eu fizer no mundo!

(Augusto dos Anjos)

Assinale a alternativa que não se aplica ao soneto anterior.

a) As três primeiras estrofes expressam uma ideia de fim, enquanto veiculam o desânimo e o ceticismo.

b) A última estrofe concretiza uma ideia de continuidade, enquanto veicula o sonho, ou a criação, que perpetua o criador.

c) A oração coordenada sindética adversativa, que constitui o verso 12, aponta para uma contrariedade de ideias, ou seja, matéria vs. espírito.

d) O cientificismo é o doador da sensação de continuidade, que salta de uma estrofe para o título e vice-versa.

e) "Fique batendo" expressa, pela continuidade temporal, uma ação incessante e ininterrupta, que se opõe à ideia de fim.

5. (PUC-RJ)

Versos a um coveiro

Numerar sepulturas e carneiros,
Reduzir carnes podres a algarismos,
Tal é, sem complicados silogismos,
A aritmética hedionda dos coveiros!

Um, dois, três, quatro, cinco... Esoterismos
Da Morte! E eu vejo, em fúlgidos letreiros,
Na progressão dos números inteiros
A gênese de todos os abismos!

Oh! Pitágoras da última aritmética,
Continua a contar na paz ascética
Dos tábidos carneiros sepulcrais

Tíbias, cérebros, crânios, rádios e úmeros,
Porque, infinita como os próprios números,
A tua conta não acaba mais!

(Augusto dos Anjos)

a) Os versos de Augusto dos Anjos (1884-1914) já foram considerados "exatos como fórmulas matemáticas" (ROSENFELD, Anatol. "A costeleta de prata de A. dos Anjos". Texto/contexto, São Paulo: Perspectiva, 1969, p. 268).

Justifique essa afirmativa, destacando aspectos formais do texto.

b) Transcreva de "Versos a um coveiro" palavras e expressões científicas, estabelecendo um contraste entre o poema de Augusto dos Anjos e a tradição romântica, no que se refere à abordagem da temática da morte.

6. (UFSM) Leia o soneto a seguir.

Psicologia de um vencido

Eu, filho do carbono e do amoníaco,
Monstro de escuridão e rutilância,
Sofro, desde a epigênesis da infância,
A influência má dos signos do zodíaco.

Profundissimamente hipocondríaco,
Este ambiente me causa repugnância...
Sobe-me à boca uma ânsia análoga à ânsia
Que se escapa da boca de um cardíaco.

Já o verme — este operário das ruínas —
Que o sangue podre das carnificinas
Come, e à vida em geral declara guerra,

Anda a espreitar meus olhos para roê-los,
E há-de deixar-me apenas os cabelos,
Na frialdade inorgânica da terra!

(Augusto dos Anjos)

A partir desse soneto, é correto afirmar:

I. Ao se definir como filho do carbono e do amoníaco, o eu lírico desce ao limite inferior da materialidade biológica pois, pensando em termos de átomos (carbono) e moléculas (amoníaco), que são estudados pela Química, constata-se uma dimensão onde não existe qualquer resquício de alma ou de espírito.

II. O amoníaco, no soneto, é uma metáfora de alma, pois, segundo o eu lírico, o homem é composto de corpo (carbono) e alma (amoníaco) e, no fim da vida, o corpo (orgânico) acaba, apodrece, enquanto a alma (inorgânica) mantém-se intacta.

III. O soneto principia descrevendo as origens da vida e termina descrevendo o destino final do ser humano; retrata o ciclo da vida e da morte, permeado de dor, de sofrimento e da presença constante e ameaçadora da morte inevitável.

Está(ão) correta(s)

a) apenas II.
b) apenas III.
c) apenas I e II.
d) apenas I e III.
e) apenas II e III.

7. (UFRS) É correto afirmar que Augusto dos Anjos foi o poeta do

a) pessimismo aliado à ciência que acusava a degradação humana mediante associações e comparações com processos químicos e biológicos.

b) cientificismo triunfante que, aliado à ideia de progresso, marcou boa parte da lírica contemporânea aos primeiros anos da República.

c) pessimismo acusatório que denunciou o latifúndio e a política oligárquica, reproduzindo na poesia as preocupações e temas de Lima Barreto.

d) esteticismo que depurava a forma de seus sonetos à perfeição, sem jamais fazer concessões a temas considerados prosaicos ou de mau gosto.

e) cientificismo militante disposto a abranger temas como o cálculo algébrico, a crítica literária e arquitetura para retirar o caráter subjetivo da poesia.

8. (UFRS)

Versos íntimos

Vês! Ninguém assistiu ao formidável
Enterro de tua última quimera.
Somente a Ingratidão — esta pantera —
Foi tua companheira inseparável!

Acostuma-te à lama que te espera!
O Homem, que, nesta terra miserável,
Mora entre feras, sente inevitável
Necessidade de também ser fera.

Toma um fósforo. Acende teu cigarro!
O beijo, amigo, é a véspera do escarro
A mão que afaga é a mesma que apedreja.

Se alguém causa inda pena a tua chaga,
Apedreja essa mão vil que te afaga,
Escarra nessa boca que te beija!

(Augusto dos Anjos)

Considere as seguintes afirmações em relação ao poema de Augusto dos Anjos:

I. O poema comenta sarcasticamente o fim da vida e contradiz os ideais de solidariedade humana.
II. Os versos demonstram que os animais são os principais responsáveis pela violência sobre a terra.
III. O poeta serviu-se da imagem do fósforo para transmitir ao eleito uma mensagem de luz e de esperança.

Quais estão corretas?

a) Apenas I.
b) Apenas II.
c) Apenas I e II.
d) Apenas I e III.
e) I, II e III.

9. (PUC-RJ) Associar a "Consciência Humana" à imagem de um "morcego", assim como fazer poesia sobre o "verme", ou afirmar que o homem, por viver "entre as feras", também sente necessidade "de ser fera" são algumas das imagens poéticas de ..... . Apesar das críticas contundentes de que foi alvo, o poeta, muito distante da obsessão ..... pela forma, ou da sugestão das imagens ....., já revelava, a seu tempo, elementos de modernidade.

a) Cruz e Souza — simbolista — parnasianas
b) Augusto dos Anjos — parnasiana — simbolistas
c) Alphonsus Guimaraens — parnasiana — realistas
d) Cruz e Souza — romântica — parnasianas
e) Augusto dos Anjos — simbolista — parnasianas

10. (UFOP) Leia com atenção o seguinte texto:

"Como uma cascavel que se enroscava,
A cidade dos lázaros dormia...

Somente, na metrópole vazia,
Minha cabeça autônoma pensava!

Mordia-me a obsessão má de que havia,
Sob os meus pés, na terra onde eu pisava,
Um fígado doente que sangrava
E uma garganta de órfã que gemia!

Tentava compreender com as conceptivas
Funções do encéfalo as substâncias vivas
Que nem Spencer, nem Haeckel compreenderam...

E via em mim, coberto de desgraças,
O resultado de bilhões de raças
Que há muitos anos desapareceram!"

(Augusto dos Anjos)

Assinale a alternativa *incorreta*.

a) É possível observar, na construção desse texto, uma tal concentração no conteúdo que faz com que a forma fique bastante negligenciada.

b) Observa-se uma tendência bastante forte para a exploração de temas mórbidos e patológicos como nos demais poemas de Augusto dos Anjos.

c) Apresenta o poema um pendor para a representação de um cientificismo, mesmo que o impulso lírico seja uma constante presença.

d) Faz-se notar um pessimismo que, na sua exacerbação, acaba caminhando para um quase total aniquilamento.

e) Justificando a obra a que pertence, há, no poema, um individualismo bem nítido.

Gabarito:

1. b
2. 8 + 16 + 32 = 56
3. d
4. d
5. Quanto aos aspectos formais, a "precisão matemática" relaciona-se ao rigor formal encontrado no texto. Trata-se de um soneto, composição poética formada por 14 versos, distribuídos em 2 quartetos e 2 tercetos; as rimas são regulares (os quartetos demonstram rimas interpoladas — abba — e os tercetos, aab; e, finalmente, predominam os versos decassilábicos, como se verifica em "Nu-me-rar-se-pul-tu-ras-e-car-nei (ros) / Re-du-zir-car-nes-po--dres-aal-ga-ris (mos)".

b) Palavras e expressões científicas que contrastam com a tradição romântica em relação à morte são "algarismos", "silogismos", "aritmética", "progressão dos números inteiros", "Pitágoras", assim como o verso "Tíbias, cérebros, crânios, rádios e úmeros". A oposição relacionada à temática da morte se dá entre o racionalismo demonstrado no soneto, justamente em função desses vocábulos, e o subjetivismo, característica principal ao se mencionar a escola romântica: a morte, neste poema, é algo lógico, físico; para o eu lírico romântico, é a possibilidade de alcançar esferas supremas, muitas vezes livrando-se da dor de existir.

6. d
7. a
8. a
9. b
10. a

O OBJETIVO, A FILOSOFIA E A MISSÃO DA EDITORA MARTIN CLARET

O principal objetivo da Martin Claret é contribuir para a difusão da educação e da cultura, por meio da democratização do livro, usando os canais de comercialização habituais, além de criar novos.

A filosofia de trabalho da Martin Claret consiste em produzir livros de qualidade a um preço acessível, para que possam ser apreciados pelo maior número possível de leitores.

A missão da Martin Claret é conscientizar e motivar as pessoas a desenvolver e utilizar o seu pleno potencial espiritual, mental, emocional e social.

O livro muda as pessoas. Revolucione-se: leia mais para ser mais!

MARTIN CLARET

Relação dos Volumes Publicados

1. Dom Casmurro
Machado de Assis
2. O Príncipe
Maquiavel
3. Mensagem
Fernando Pessoa
4. O Lobo do Mar
Jack London
5. A Arte da Prudência
Baltasar Gracián
6. Iracema / Cinco Minutos
José de Alencar
7. Inocência
Visconde de Taunay
8. A Mulher de 30 Anos
Honoré de Balzac
9. A Moreninha
Joaquim Manuel de Macedo
10. A Escrava Isaura
Bernardo Guimarães
11. As Viagens - "Il Milione"
Marco Polo
12. O Retrato de Dorian Gray
Oscar Wilde
13. A Volta ao Mundo em 80 Dias
Júlio Verne
14. A Carne
Júlio Ribeiro
15. Amor de Perdição
Camilo Castelo Branco
16. Sonetos
Luís de Camões
17. O Guarani
José de Alencar
18. Memórias Póstumas de Brás Cubas
Machado de Assis
19. Lira dos Vinte Anos
Álvares de Azevedo
20. Apologia de Sócrates / Banquete
Platão
21. A Metamorfose/Um Artista da Fome/Carta a Meu Pai
Franz Kafka
22. Assim Falou Zaratustra
Friedrich Nietzsche
23. Triste Fim de Policarpo Quaresma
Lima Barreto
24. A Ilustre Casa de Ramires
Eça de Queirós
25. Memórias de um Sargento de Milícias
Manuel Antônio de Almeida
26. Robinson Crusoé
Daniel Defoe
27. Espumas Flutuantes
Castro Alves
28. O Ateneu
Raul Pompeia
29. O Noviço / O Juiz de Paz da Roça / Quem Casa Quer Casa
Martins Pena
30. A Relíquia
Eça de Queirós
31. O Jogador
Dostoiévski
32. Histórias Extraordinárias
Edgar Allan Poe
33. Os Lusíadas
Luís de Camões
34. As Aventuras de Tom Sawyer
Mark Twain
35. Bola de Sebo e Outros Contos
Guy de Maupassant
36. A República
Platão
37. Elogio da Loucura
Erasmo de Rotterdam
38. Caninos Brancos
Jack London
39. Hamlet
William Shakespeare
40. A Utopia
Thomas More
41. O Processo
Franz Kafka
42. O Médico e o Monstro
Robert Louis Stevenson
43. Ecce Homo
Friedrich Nietzsche
44. O Manifesto do Partido Comunista
Marx e Engels
45. Discurso do Método / Regras para a Direção do Espírito
René Descartes
46. Do Contrato Social
Jean-Jacques Rousseau
47. A Luta pelo Direito
Rudolf von Ihering
48. Dos Delitos e das Penas
Cesare Beccaria
49. A Ética Protestante e o Espírito do Capitalismo
Max Weber
50. O Anticristo
Friedrich Nietzsche
51. Os Sofrimentos do Jovem Werther
Goethe
52. As Flores do Mal
Charles Baudelaire
53. Ética a Nicômaco
Aristóteles
54. A Arte da Guerra
Sun Tzu
55. Imitação de Cristo
Tomás de Kempis
56. Cândido ou o Otimismo
Voltaire
57. Rei Lear
William Shakespeare
58. Frankenstein
Mary Shelley
59. Quincas Borba
Machado de Assis
60. Fedro
Platão
61. Política
Aristóteles
62. A Viuvinha / Encarnação
José de Alencar
63. As Regras do Método Sociológico
Émile Durkheim
64. O Cão dos Baskervilles
Sir Arthur Conan Doyle
65. Contos Escolhidos
Machado de Assis
66. Da Morte / Metafísica doAmor / Do Sofrimento do Mundo
Arthur Schopenhauer
67. As Minas do Rei Salomão
Henry Rider Haggard
68. Manuscritos Econômico-Filosóficos
Karl Marx
69. Um Estudo em Vermelho
Sir Arthur Conan Doyle
70. Meditações
Marco Aurélio
71. A Vida das Abelhas
Maurice Materlinck
72. O Cortiço
Aluísio Azevedo
73. Senhora
José de Alencar
74. Brás, Bexiga e Barra Funda / Laranja da China
Antônio de Alcântara Machado
75. Eugênia Grandet
Honoré de Balzac
76. Contos Gauchescos
João Simões Lopes Neto
77. Esaú e Jacó
Machado de Assis
78. O Desespero Humano
Sören Kierkegaard
79. Dos Deveres
Cícero
80. Ciência e Política
Max Weber
81. Satíricon
Petrônio
82. Eu e Outras Poesias
Augusto dos Anjos
83. Farsa de Inês Pereira / Auto da Barca do Inferno / Auto da Alma
Gil Vicente
84. A Desobediência Civil e Outros Escritos
Henry David Toreau
85. Para Além do Bem e do Mal
Friedrich Nietzsche
86. A Ilha do Tesouro
R. Louis Stevenson
87. Marília de Dirceu
Tomás A. Gonzaga
88. As Aventuras de Pinóquio
Carlo Collodi
89. Segundo Tratado Sobre o Governo
John Locke
90. Amor de Salvação
Camilo Castelo Branco
91. Broquéis/Faróis/ Ultimos Sonetos
Cruz e Souza
92. I-Juca-Pirama / Os Timbiras / Outros Poemas
Gonçalves Dias
93. Romeu e Julieta
William Shakespeare
94. A Capital Federal
Arthur Azevedo
95. Diário de um Sedutor
Sören Kierkegaard
96. Carta de Pero Vaz de Caminha a El-Rei Sobre o Achamento do Brasil
97. Casa de Pensão
Aluísio Azevedo
98. Macbeth
William Shakespeare

99. Édipo Rei/Antígona
Sófocles

100. Lucíola
José de Alencar

101. As Aventuras de Sherlock Holmes
Sir Arthur Conan Doyle

102. Bom-Crioulo
Adolfo Caminha

103. Helena
Machado de Assis

104. Poemas Satíricos
Gregório de Matos

105. Escritos Políticos / A Arte da Guerra
Maquiavel

106. Ubirajara
José de Alencar

107. Diva
José de Alencar

108. Eurico, o Presbítero
Alexandre Herculano

109. Os Melhores Contos
Lima Barreto

110. A Luneta Mágica
Joaquim Manuel de Macedo

111. Fundamentação da Metafísica dos Costumes e Outros Escritos
Immanuel Kant

112. O Príncipe e o Mendigo
Mark Twain

113. O Domínio de Si Mesmo pela Auto-Sugestão Consciente
Émile Coué

114. O Mulato
Aluísio Azevedo

115. Sonetos
Florbela Espanca

116. Uma Estadia no Inferno / Poemas / Carta do Vidente
Arthur Rimbaud

117. Várias Histórias
Machado de Assis

118. Fédon
Platão

119. Poesias
Olavo Bilac

120. A Conduta para a Vida
Ralph Waldo Emerson

121. O Livro Vermelho
Mao Tsé-Tung

122. Oração aos Moços
Rui Barbosa

123. Otelo, o Mouro de Veneza
William Shakespeare

124. Ensaios
Ralph Waldo Emerson

125. De Profundis / Balada do Cárcere de Reading
Oscar Wilde

126. Crítica da Razão Prática
Immanuel Kant

127. A Arte de Amar
Ovídio Naso

128. O Tartufo ou O Impostor
Molière

129. Metamorfoses
Ovídio Naso

130. A Gaia Ciência
Friedrich Nietzsche

131. O Doente Imaginário
Molière

132. Uma Lágrima de Mulher
Aluísio Azevedo

133. O Último Adeus de Sherlock Holmes
Sir Arthur Conan Doyle

134. Canudos - Diário de uma Expedição
Euclides da Cunha

135. A Doutrina de Buda
Siddharta Gautama

136. Tao Te Ching
Lao-Tsé

137. Da Monarquia / Vida Nova
Dante Alighieri

138. A Brasileira de Prazins
Camilo Castelo Branco

139. O Velho da Horta/Quem Tem Farelos?/Auto da Índia
Gil Vicente

140. O Seminarista
Bernardo Guimarães

141. O Alienista / Casa Velha
Machado de Assis

142. Sonetos
Manuel du Bocage

143. O Mandarim
Eça de Queirós

144. Noite na Taverna / Macário
Álvares de Azevedo

145. Viagens na Minha Terra
Almeida Garrett

146. Sermões Escolhidos
Padre Antonio Vieira

147. Os Escravos
Castro Alves

148. O Demônio Familiar
José de Alencar

149. A Mandrágora / Belfagor, o Arquidiabo
Maquiavel

150. O Homem
Aluísio Azevedo

151. Arte Poética
Aristóteles

152. A Megera Domada
William Shakespeare

153. Alceste/Electra/Hipólito
Eurípedes

154. O Sermão da Montanha
Huberto Rohden

155. O Cabeleira
Franklin Távora

156. Rubáiyát
Omar Khayyám

157. Luzia-Homem
Domingos Olímpio

158. A Cidade e as Serras
Eça de Queirós

159. A Retirada da Laguna
Visconde de Taunay

160. A Viagem ao Centro da Terra
Júlio Verne

161. Caramuru
Frei Santa Rita Durão

162. Clara dos Anjos
Lima Barreto

163. Memorial de Aires
Machado de Assis

164. Bhagavad Gita
Krishna

165. O Profeta
Khalil Gibran

166. Aforismos
Hipócrates

167. Kama Sutra
Vatsyayana

168. Histórias de Mowgli
Rudyard Kipling

169. De Alma para Alma
Huberto Rohden

170. Orações
Cícero

171. Sabedoria das Parábolas
Huberto Rohden

172. Salomé
Oscar Wilde

173. Do Cidadão
Thomas Hobbes

174. Porque Sofremos
Huberto Rohden

175. Einstein: o Enigma do Universo
Huberto Rohden

176. A Mensagem Viva do Cristo
Huberto Rohden

177. Mahatma Gandhi
Huberto Rohden

178. A Cidade do Sol
Tommaso Campanella

179. Setas para o Infinito
Huberto Rohden

180. A Voz do Silêncio
Helena Blavatsky

181. Frei Luís de Sousa
Almeida Garrett

182. Fábulas
Esopo

183. Cântico de Natal/ Os Carrilhões
Charles Dickens

184. Contos
Eça de Queirós

185. O Pai Goriot
Honoré de Balzac

186. Noites Brancas e Outras Histórias
Dostoiévski

187. Minha Formação
Joaquim Nabuco

188. Pragmatismo
William James

189. Discursos Forenses
Enrico Ferri

190. Medeia
Eurípedes

191. Discursos de Acusação
Enrico Ferri

192. A Ideologia Alemã
Marx & Engels

193. Prometeu Acorrentado
Ésquilo

194. Iaiá Garcia
Machado de Assis

195. Discursos no Instituto dos Advogados Brasileiros / Discurso no Colégio Anchieta
Rui Barbosa

196. Édipo em Colono
Sófocles

197. A Arte de Curar pelo Espírito
Joel S. Goldsmith

198. Jesus, o Filho do Homem
Khalil Gibran

199. Discurso sobre a Origem e os Fundamentos da Desigualdade entre os Homens
Jean-Jacques Rousseau

200. Fábulas
La Fontaine

201. O Sonho de uma Noite de Verão
William Shakespeare

202. Maquiavel, o Poder
José Nivaldo Junior

203. Ressurreição
Machado de Assis

204. O Caminho da Felicidade
Huberto Rohden

205. A Velhice do Padre Eterno
Guerra Junqueiro

206. O Sertanejo
José de Alencar

207. Gitanjali
Rabindranath Tagore

208. Senso Comum
Thomas Paine

209. Canaã
Graça Aranha

210. O Caminho Infinito
Joel S. Goldsmith

211. Pensamentos
Epicuro

212. A Letra Escarlate
Nathaniel Hawthorne

213. Autobiografia
Benjamin Franklin

214. Memórias de Sherlock Holmes
Sir Arthur Conan Doyle

215. O Dever do Advogado / Posse de Direitos Pessoais
Rui Barbosa

216. O Tronco do Ipê
José de Alencar

217. O Amante de Lady Chatterley
D. H. Lawrence

218. Contos Amazônicos
Inglês de Souza

219. A Tempestade
William Shakespeare

220. Ondas
Euclides da Cunha

221. Educação do Homem Integral
Huberto Rohden

222. Novos Rumos para a Educação
Huberto Rohden

223. Mulherzinhas
Louise May Alcott

224. A Mão e a Luva
Machado de Assis

225. A Morte de Ivan Ilicht / Senhores e Servos
Leon Tolstói

226. Álcoois e Outros Poemas
Apollinaire

227. Pais e Filhos
Ivan Turguêniev

228. Alice no País das Maravilhas
Lewis Carroll

229. À Margem da História
Euclides da Cunha

230. Viagem ao Brasil
Hans Staden

231. O Quinto Evangelho
Tomé

232. Lorde Jim
Joseph Conrad

233. Cartas Chilenas
Tomás Antônio Gonzaga

234. Odes Modernas
Anntero de Quental

235. Do Cativeiro Babilônico da Igreja
Martinho Lutero

236. O Coração das Trevas
Joseph Conrad

237. Thais
Anatole France

238. Andrômaca / Fedra
Racine

239. As Catilinárias
Cícero

240. Recordações da Casa dos Mortos
Dostoiévski

241. O Mercador de Veneza
William Shakespeare

242. A Filha do Capitão / A Dama de Espadas
Aleksandr Púchkin

243. Orgulho e Preconceito
Jane Austen

244. A Volta do Parafuso
Henry James

245. O Gaúcho
José de Alencar

246. Tristão e Isolda
Lenda Medieval Celta de Amor

247. Poemas Completos de Alberto Caeiro
Fernando Pessoa

248. Maiakósvski
Vida e Poesia

249. Sonetos
William Shakespeare

250. Poesia de Ricardo Reis
Fernando Pessoa

251. Papéis Avulsos
Machado de Assis

252. Contos Fluminenses
Machado de Assis

253. O Bobo
Alexandre Herculano

254. A Oração da Coroa
Demóstenes

255. O Castelo
Franz Kafka

256. O Trovejar do Silêncio
Joel S. Goldsmith

257. Alice na Casa dos Espelhos
Lewis Carrol

258. Miséria da Filosofia
Karl Marx

259. Júlio César
William Shakespeare

260. Antônio e Cleópatra
William Shakespeare

261. Filosofia da Arte
Huberto Rohden

262. A Alma Encantadora das Ruas
João do Rio

263. A Normalista
Adolfo Caminha

264. Pollyanna
Eleanor H. Porter

265. As Pupilas do Senhor Reitor
Júlio Diniz

266. As Primaveras
Casimiro de Abreu

267. Fundamentos do Direito
Léon Duguit

268. Discursos de Metafísica
G. W. Leibniz

269. Sociologia e Filosofiia
Émile Durkheim

270. Cancioneiro
Fernando Pessoa

271. A Dama das Camélias
Alexandre Dumas (filho)

272. O Divórcio / As Bases da Fé / e outros textos
Rui Barbosa

273. Pollyanna Moça
Eleanor H. Porter

274. O 18 Brumário de Luís Bonaparte
Karl Marx

275. Teatro de Machado de Assis
Antologia

276. Cartas Persas
Montesquieu

277. Em Comunhão com Deus
Huberto Rohden

278. Razão e Sensibilidade
Jane Austen

279. Crônicas Selecionadas
Machado de Assis

280. Histórias da Meia-Noite
Machado de Assis

281. Cyrano de Bergerac
Edmond Rostand

282. O Maravilhoso Mágico de Oz
L. Frank Baum

283. Trocando Olhares
Florbela Espanca

284. O Pensamento Filosófico da Antiguidade
Huberto Rohden

285. Filosofia Contemporânea
Huberto Rohden

286. O Espírito da Filosofia Oriental
Huberto Rohden

287. A Pele do Lobo / O Badejo / o Dote
Artur Azevedo

288. Os Bruzundangas
Lima Barreto

289. A Pata da Gazela
José de Alencar

290. O Vale do Terror
Sir Arthur Conan Doyle

291. O Signo dos Quatro
Sir Arthur Conan Doyle

292. As Máscaras do Destino
Florbela Espanca

293. A Confissão de Lúcio
Mário de Sá-Carneiro

294. Falenas
Machado de Assis

295. O Uraguai / A Declamação Trágica
Basílio da Gama

296. Crisálidas
Machado de Assis

297. Americanas
Machado de Assis

298. A Carteira de Meu Tio
Joaquim Manuel de Macedo

299. Catecismo da Filosofia
Huberto Rohden

300. Apologia de Sócrates
Platão (Edição bilingue)

301. Rumo à Consciência Cósmica
Huberto Rohden

302. Cosmoterapia
Huberto Rohden

303. Bodas de Sangue
Federico García Lorca

304. Discurso da Servidão Voluntária
Étienne de La Boétie

305. Categorias
Aristóteles

306. Manon Lescaut
Abade Prévost

307. Teogonia / Trabalho e Dias
Hesíodo

308. As Vítimas-Algozes
Joaquim Manuel de Macedo

309. Persuasão
Jane Austen

310. Agostinho - Huberto Rohden

311. Roteiro Cósmico
Huberto Rohden

312. A Queda dum Anjo
Camilo Castelo Branco

313. O Cristo Cósmico e os Essênios - Huberto Rohden

314. Metafísica do Cristianismo
Huberto Rohden

315. Rei Édipo - Sófocles

316. Livro dos provérbios
Salomão

317. Histórias de Horror
Howard Phillips Lovecraft

318. O Ladrão de Casaca
Maurice Leblanc

319. Til
José de Alencar

Série Ouro
(Livros com mais de 400 p.)

1. Leviatã
Thomas Hobbes

2. A Cidade Antiga
Fustel de Coulanges

3. Crítica da Razão Pura
Immanuel Kant

4. Confissões
Santo Agostinho

5. Os Sertões
Euclides da Cunha

6. Dicionário Filosófico
Voltaire

7. A Divina Comédia
Dante Alighieri

8. Ética Demonstrada à Maneira dos Geômetras
Baruch de Spinoza

9. Do Espírito das Leis
Montesquieu

10. O Primo Basílio
Eça de Queirós

11. O Crime do Padre Amaro
Eça de Queirós

12. Crime e Castigo
Dostoiévski

13. Fausto
Goethe

14. O Suicídio
Émile Durkheim

15. Odisseia
Homero

16. Paraíso Perdido
John Milton

17. Drácula
Bram Stoker

18. Ilíada
Homero

19. As Aventuras de Huckleberry Finn
Mark Twain

20. Paulo – O 13º Apóstolo
Ernest Renan

21. Eneida
Virgílio

22. Pensamentos
Blaise Pascal

23. A Origem das Espécies
Charles Darwin

24. Vida de Jesus
Ernest Renan

25. Moby Dick
Herman Melville

26. Os Irmãos Karamazovi
Dostoiévski

27. O Morro dos Ventos Uivantes
Emily Brontë

28. Vinte Mil Léguas Submarinas
Júlio Verne

29. Madame Bovary
Gustave Flaubert

30. O Vermelho e o Negro
Stendhal

31. Os Trabalhadores do Mar
Victor Hugo

32. A Vida dos Doze Césares
Suetônio

33. O Moço Loiro
Joaquim Manuel de Macedo

34. O Idiota
Dostoiévski

35. Paulo de Tarso
Huberto Rohden

36. O Peregrino
John Bunyan

37. As Profecias
Nostradamus

38. Novo Testamento
Huberto Rohden

39. O Corcunda de Notre Dame
Victor Hugo

40. Arte de Furtar
Anônimo do século XVII

41. Germinal
Émile Zola

42. Folhas de Relva
Walt Whitman

43. Ben-Hur — Uma História dos Tempos de Cristo
Lew Wallace

44. Os Maias
Eça de Queirós

45. O Livro da Mitologia
Thomas Bulfinch

46. Os Três Mosqueteiros
Alexandre Dumas

47. Poesia de Álvaro de Campos
Fernando Pessoa

48. Jesus Nazareno
Huberto Rohden

49. Grandes Esperanças
Charles Dickens

50. A Educação Sentimental
Gustave Flaubert

51. O Conde de Monte Cristo (Volume I)
Alexandre Dumas

52. O Conde de Monte Cristo (Volume II)
Alexandre Dumas

53. Os Miseráveis (Volume I)
Victor Hugo

54. Os Miseráveis (Volume II)
Victor Hugo

55. Dom Quixote de La Mancha (Volume I)
Miguel de Cervantes

56. Dom Quixote de La Mancha (Volume II)
Miguel de Cervantes

57. As Confissões
Jean-Jacques Rousseau

58. Contos Escolhidos
Artur Azevedo

59. As Aventuras de Robin Hood
Howard Pyle

60. Mansfield Park
Jane Austen